COPA BOOKS 自治体議会政策学会叢書

自治を担う「フォーラム」としての議会

政策実現の
ための
質問・質疑

大正大学公共政策学科教授
江藤 俊昭 [著]

イマジン出版

目　　次

〔凡例〕
○江藤俊昭『議会改革の第2ステージ』ぎょうせい、2015年、15頁、の場合
　は、原則として、本文では、「～である（江藤　2015：15）」とし、注では、
　江藤（2015：15）としている。
○地方自治法第6章第96条第2項、の場合は、自治法96②、としている。
○関連の（参照すべき）本著の章・節は、〔→第3章2〕、としている。

＊第1部の初出は、江藤俊昭「質問・質疑を政策資源として活用する①～㉓（自
　治体議会学のススメ第127回～第159回）」『月刊　ガバナンス』2019年10月号～
　2022年6月号（数回、非常事態や第32回地方制度調査会答申についての論稿が
　途中に入っている）。第2部の初出は、江藤俊昭「分かりやすくて面白い議会（フ
　ォーラムとしての議会）の創造①～④」『季刊　実践自治』Vol.89～92（2022年
　夏号、秋号、冬号、2023年春号）。どちらも、大幅加筆・修正している。

〔本書の流れ〕

　第1部の「質問・質疑をチーム議会に活用する」と第2部の「質問・質疑を充実させるフォーラムとしての議会」といった2部構成である。

　第1部は、そのタイトルにあるように、議会の監視力・政策提言力を活性化させる質問・質疑の役割や手法を確認する。

　第1章では、質問の役割の変化、個別な議員にとって重要なだけではなく、議会全体にとっても重要な役割を担うという新たな質問像の息吹を感じてもらうこと、質問と質疑の区分をするなど基礎的な知識の確認、そして質問や質疑は真空ではなく政治的磁場で行われるがゆえにその場の意味の確認である。まさに、本著全体の問題意識、そして新たな質問・質疑を考える上での基礎の確認である。

　第2章では、個々の議員の質問を政策資源として位置づけ、その質問を議会の質問として位置づけることで質問の実効性を高める意義を強調し、その手法を提案する。これによって議会力もアップする。もちろん、個々の議員の努力は必要だ。そこで成果が出る手法の開発は必要であり、その論点も明示している。それとともに、議会として質問を活かす手法（質問内容を所管事務調査の課題とする、通告制の活用等）や、議会としての質問（正確には委員会代表質問）についても紹介している。主軸は、議会からの政策サイクルの中に質問を位置づける発想である。

　第3章では、質問とともに（正確にはそれ以上に）重要な議案審査の際の質疑の重要性を確認すること、そして議案審査を充実させる手法を開発している。議会からの政策サイクルとの連結である。

　第4章では、質問・質疑の充実のために本著を通底している議会からの政策サイクルの中にそれらを位置づけること、逆に充実した質問・質疑によって議会からの政策サイクルはより活性化することを提案している。それらを踏まえて議会力アップと議員力アップの相乗効果を目指している。その際、これらの相乗効果の起点として選挙の際のローカル・マニフェストを活用することを提示している。

　第2部の「質問・質疑を充実させるフォーラムとしての議会」は、第1部の議会力と議員力の相乗効果（質問・質疑の充実のために議会からの政策サイクルの中にそれらを位置づけること、逆に充実した質問・質疑によって議会からの政策サイクルはより活性化すること）をより豊富化するために、議員と議会の役割を再確認するために配置した。

第5章では、第1部と第2部をつなげるために、質問力・質疑力と議会改革の到達点である議会からの政策サイクル＝フォーラムとしての議会の関連を探っている。その際、イコールで結んだ、議会からの政策サイクルは時間軸を、フォーラムとしての議会は空間軸を強調していることでは相違はあるが、住民、議員、首長等の三者による協働空間としていることでは同じである。そのイメージを確認する章である。

　第6章では、議会の存在意義であるがゆえに、フォーラムとしての議会にとっても存在意義である多様性の重要性を確認するとともに、その多様性を活かす手法を模索している。住民―議会（議員）関係、議場外における住民、議員、首長等による三者間関係、議場内における住民、議員、首長等による三者間関係、それぞれの実際を紹介している。

　第7章では、議会本体の多様性を模索している。女性、障がい者、若者等の多様性などを想定している。そして、多様性を創り出すための選挙についても検討している。

　本著を読むにあたって、第1章から読み進めることを薦めたい。ただし、それぞれのテーマを簡潔に知りたい読者は、目次から関心ある項目をピックアップすることもできる。本著を多様に活用して、議員力・議会力アップに役立てていただきたい。

はじめに

　本著によって、議員のキラリと光る質問・質疑が充実することを期待している。個々の議員や会派の能力に磨きをかけることが必要だ。同時に、それらの成果をあげるには、今日急展開している議会改革の水準を踏まえ、それを活用することができる。したがって、委員会代表質問、質問の追跡調査、重複質問調整制度、一般質問検討会議など新たな手法も紹介することになる。

　質問といえば、「政策に取り組み、政策に生きるべき議員にとって、一般質問は、最もはなやかで意義のある発言の場であり、また、住民からも重大な関心と期待を持たれる大事な議員活動の場である」という位置付けが広がっている（全国町村議会議長会　2023：156）。おそらく、多くの議員はこうした発想で質問に臨んでいることだろう。

　住民のため、地域のために活動する矜持を保った議員が、この質問に注力している。地域課題を政治・行政の場に登場させる意義があるからだ。それに磨きをかける手法を教示する著書や研修はにぎやかである。

　本著は、質問（そして質疑）の効果を最大化する手法を提案する。議員個人、会派、そして（住民との、当該自治体、および自治体を超えた議員間の）ネットワークの努力によって、質問（質疑）は良質の質問・質疑が作成できる。

　質問作成にあたって、事前準備が不可欠である。それは、取り上げるテーマの選定とその問題意識の明確化か

ら始まる。住民の指摘（意向）、議員自ら（議員は地域リーダー）の感性、当該自治体の状況、他の自治体や国の動向等を踏まえてテーマを設定する。また、事前準備には、発言のストーリーも含まれる。ストーリーは、起承転結の流れが不可欠だ。その中には、獲得目標、論争による論点の変化による新たな獲得目標といった新たな展開への対応を想定した想定問答作成も不可欠である。

そして、質問後の反省、しかも議員自身だけではなく、議員間、また住民の意向も確認しながら進めることも必要だ。それによって、質問のバージョンはアップする。

一か月前の新聞で話題になったテーマの質問では、住民はがっかりするだけ。きらりと光る質問であり、その実効性を高める手法が必要だ。

もちろん、質問力（質疑力を含めている）は、議員の専売特許ではない。議員の質問力向上だけではなく住民自治を進めるには、住民のそれも必要だ。現状を理解し問題点を解決する監視・政策提言を行う力は両者に必要である。

権力を担うのが議員だ。公金の使い方を決める、人権にかかわる条例を決める、といった重要な権限を持っている。地域経営の方向を提起する質問は、地域経営にとって第一級の位置を占める。

日常的には、質問と質疑は混在している。しかし、議会運営上、これらは明確に分けられる。本著では、その相違も強調したい。この相違の認識が不十分だと、「質疑では自分の意見を述べられない」と嘆く議員がいるが、質疑はあくまで議案に対する質疑である。自分の意見は、質疑の終了後に議員間討議で行えばよい。それによって、修正、附帯決議の議論ができる。質問は、議員から、あるいは会派から首長への提案である。本著ではそれを超

えて、質問のテーマを委員会の所管事務調査から選択することを、そして逆に質問を所管事務調査の課題とすることも必要なことを提起している。

　本著の問題意識は、個々の議員や会派の独自な努力は重要であるが、それだけではなく議会の制度や運営の変更によって質問力・質疑力を向上させる手法を開発する。もちろん、質問の充実強化のための制度改革は行われている。議会の多様な作法が発見されている。効果的な質問をするためのルール、視点、支援策について簡単に指摘しておきたい。

①ルールの再検討。質問時間は片道、答弁の仕方は一問一答方式、対面式議場の設置、関連質問の採用、議長による質問・答弁の論点の明確化・活性化の促進などである（筆者が効果的だと思うものを列挙）。

②視点・内容。質問作成の作法として、場当たり的ではなく、ストーリーの構想（主副を位置づけること）が不可欠である。なお、メリハリをつけるなどプレゼンテーションの研修も行われてきた。ストーリー構想にあたっては、問題意識の明確化（事実認識、経過（どのような議論がされていたか）、他の自治体・国の動向等）、勝ち取る目標、論理構成（組み立て、明瞭性、時間配分等）、想定問答作成が必要になる。質問内容では、議員それぞれの想いや選挙の際の公約を踏まえた質問が有用であることは言うまでもない。今日の地域経営では総合計画を軸としている。それゆえに、一般質問は総合計画を豊富化・修正する内容であることが前提となる。

③支援策。充実した質問作成にあたって、研修や書籍購入に必要な政務活動費が不可欠である。タブレットによる文書管理（総合計画等、決算・予算、国や他の自

治体の動向等）、議会事務局や議会図書室の充実強化といった課題は浮上している。当該自治体だけではなく、自治体を超えた議員ネットワークも必要だ。もちろん、住民の支援も不可欠である。

　こうした新たな手法は重要だ。それを踏まえて、より質問力・質疑力を高めるさらなる制度開発を模索する。それを本著の目的としたい。議員個人や会派が質問（質疑）に磨きをかけることは極めて重要である。同時に、それを活かすにはそれに適した制度や運営を構築し実践することが必要である。

　そもそも、議会改革の進展を考慮すれば、議員が質問だけに注力することには、違和感はあった。2つの違和感である。それを理解していただくために、議会改革の到達点を振りかえろう。

　本著は、議会改革の進展と質問・質疑の役割を「住民福祉の向上」を鍵概念としてつなぐこと、それによって質問を充実させ、議会改革を進展させることを目的としている。

　議会改革は進展している。その改革は急激であった。議会改革は本史に突入しそれも展開している。形式改革（議会基本条例に刻印）から実質改革（住民の福祉向上を目指す議会からの政策サイクル）が模索され実践されている。本著は、その豊富化を探ることを目的としている。次の一手（新たな構想）を探ることである。そのためには、改革の前と、改革の到達点の確認が前提になる。そこに内在化している発展方向を探る。いわば議会からの政策サイクルの豊富化の模索である。

　次の一手（新たな構想）のためのベースキャンプとして次のことを確認したい。議会は「住民自治の根幹」で

あることを認識し、その作動をすすめることである。国政とは異なる地方政治（住民と歩む議会、質問とともに議員間討議を重視する議会、首長等と政策競争する議会）、議会に地域経営にとっての権限あること、これらを意識し、それに即した議会運営を作動させることである。議会基本条例に刻み込まれた議会改革の方向である（議会改革の本史への突入）。それをすすめ住民福祉の向上に連動させることである。このために発見されたのが議会からの政策サイクルである。議会改革の本史とその第2ステージである（江藤 2016）。

　次の一手とは、フォーラムとしての議会である。正確にいえば、議会からの政策サイクルに含まれていた基本的方向を明確にしたのがそれである。

　そこで、こうした議会改革の進展と質問重視の議員活動とがつながらないのではないかという違和感である。質問は、地域課題を政治・行政の場に登場させる重要な機能があるものの、従来の質問重視の議員活動は、機関として作動させる新たな議会活動を侵食するからだ。

　第1の違和感。質問の強調は、自分だけの手柄としていてチーム議会とはならない、時には首長等にすり寄り監視機能を軽視する、口利きと連動する、地域全体の政策とは連動しない、といった傾向に拍車がかかる。

　本著は、議会改革の進展によって質問の役割を変化させ、質問の実現性を高めることを目指している。質問は、地域課題を政治・行政の場に登場させる重要な機能がある。それを議会改革につなげることである。議会改革の到達点を活かす（議会からの政策サイクル＝フォーラムとしての議会）。質問を地域経営全体の政策と連動させ、機関としての議会の中に、議員の質問を活かす。このこ

とで、質問力をアップさせる。

　こうした質問重視の議員活動の問題は、「議会だより（議会広報誌）」の問題とも連動している。最近では、徐々に変化しているが、いまだに一般質問の議事録の縮小版である。それ自体は、情報提供として重要であるとしても、驚くことに、議会として最も重要な議案審査や議決内容（そのメリットとデメリット）についての報告は軽視される。

　もう1つの違和感。質問だけを重視する議員活動に対するものである。質問とともに、質疑、そして討議、討論、表決（議決）といった議案審査にかかわる一連の事項の重要性である。発言という視点からは、質疑（そして討論）の重要性の強調である。まさに、議会からの政策サイクル＝フォーラムとしての議会は、質問とともに、議案審査を重視し、「住民福祉の向上」を実現することになる。

　本著は、「質問力・議員力をアップさせるフォーラムとしての議会」であるとともに、フォーラムとしての議会の充実は質問力・質疑力をアップさせることを提案する。そのことで、新たな議会像・議員像を模索し、住民自治を進化・深化させたい。

＊質問には、一般質問と会派代表質問がある。本著では、一般質問（および本著で紹介する委員会代表質問）を中心に議論している。会派代表質問の意義と課題は、一般質問と基本的に同様だと考えてよい。一般質問を会派代表質問に置き換えて議論していただいても問題はない。本著で指摘しているように、会派内民主主義を徹底させた上での、会派所属議員たちによる戦略的重層的な質問も想定している。質疑も個々の議員を想

定して議論を進めているが、会派による戦略的質疑も考えられる。なお、会派の意義と課題については、江藤（2011：第4章）を参照していただきたい。

＊　　＊　　＊

脱稿後も質問（討論）をめぐってコメントや相談の依頼がある。本著では、問題外として議論の対象から外している事例もある。とはいえ、いまだに悩んでいる、そして真摯に対応している議会・議員がいる。そこで、「イロハ」であっても、考え方を確認しておこう。

①質問の「権能」。一般質問の順番を決める抽選会に子供連れで参加することが認められないため、質問の機会を失ったという事態である（豊橋市議会、2023年9月30日）。本人が病気等の場合、代理抽選は可能であるが、子供連れでは抽選はできないというルールだ。もちろん、年間・会期内の時間制限等ルールはあるが、質問は議員の固有の権能である。これを第一義的に考えなければならない。手法として、提出順、抽選会に参加できない場合に残った順番を割り当てる、議会運営委員会で調整等を行う、といった議会もある。抽選会に参加できないだけで質問ができないルールは、議員の固有の権能を侵害するものだ。

②質問の範囲。政治的に重要な争点だから、質問を許可しないという事態である（宮崎県木城町議会、2023年9月定例議会）。原子力発電所からでる高レベル放射性廃棄物の最終処分場選定の文献調査（第一段階）に応募するかどうかを首長に問う質問が議長によって不可能となった。議長に許可権があるとはいえ、あくまで形式的であり（プライバシーは対象外）、政治的な争点だから不可とすることは許可権の逸脱だ。議会は、政治を議論し議論を巻き起こす場である。

③質問の作成。議案の「賛成討論」を執行機関が作成し
ているという事態である（袖ケ浦市が数十年続けてい
る慣行）。討論の議論であるが、質疑も問われる。なお、
質問を執行機関の職員が書いているということはあっ
た（全員とはいえないが）。いまだにそれを行ってい
る県議会もある（筆者のヒアリング）。議員の質問に
よって執行機関の政策実現を促し、議員にとっても達
成感を得ることができる。「やらせ」であり議員のプ
ライドの喪失である。ただし、こうしたことはよくな
い、議員の責務を自覚しろという規範だけでなくなる
わけではない。質問者が作成するのが当然だ（もちろ
ん、会派代表質問や委員会代表質問では、議論を踏ま
えて作成）、ということの確認だけでは実現性は乏し
い。執行機関にとっても議員にとってもメリットがあ
るからだ。このメリットは単なる癒着であり、住民の
メリットには連結しない。本著で明確にしているよう
に、議会全体としてこれらをなくす制度を創り出すこ
とである。議案審議後の討論では、執行機関作成の「賛
成討論」はなじまない。なぜならば、議案審査の議員
間討議ではメリット・デメリットがあぶりだされ、執
行機関作成の「賛成討論」の内容にはおさまることは
できない。質問でも、会期終了後に議員全体で反省会
を行えば、執行機関からの「やらせ」質問はあぶりだ
され、議員の質が問われることになる。

　こうした質問・討論をめぐる事態に呆れつつ、地元の
議会中継（ライブ）を観ていた。再質問も行っているに
もかかわらず、議員の質問も執行機関の答弁もまさに「朗
読会」だ（朗読であっても、緞帳を「ダンチョウ」と読
み間違える、いったい誰が書いたのか疑える質問も）。
しかも、その都度、執行機関にお礼を述べる議員もいる。

議場はすばらしい対面式であるにもかかわらず、まったくその議場の役割を果たしていない。

　しかも、状況を聞く、お願いといった内容。住民団体が提案する内容の方が豊富で具体性があるのではないかと愕然とする。本文でも指摘しているが、北海道栗山町議会基本条例の「説明義務」は、首長への義務だけではなく、議員質問の基本の要素である（表１参照）。少なくとも、みずからの質問にはこの要素を確認して（ようするに含みこんで）臨んでほしい。この議会では、政策サイクルを回そうと委員会の充実を図っている。それにもかかわらず、質問のレベルは劣化している。質問・質疑と議会からの政策サイクルの連動が理解されていない。本著では、この論点も重視している。

表１　栗山町議会基本条例における首長提案の際の首長の説明義務

（町長による政策等の形成過程の説明）

第６条　町長は、議会に計画、政策、施策、事業等（以下「政策等」という。）を提案するときは、政策等の水準を高めるため、次に掲げる政策等の決定過程を説明するよう努めなければならない。

　　⑴政策等の発生源

　　⑵検討した他の政策案等の内容

　　⑶他の自治体の類似する政策との比較検討

　　⑷総合計画における根拠又は位置づけ

　　⑸関係ある法令及び条例等

　　⑹政策等の実施にかかわる財源措置

　　⑺将来にわたる政策等のコスト計算

２　議会は、前項の政策等の提案を審議するに当たっては、それらの政策等の水準を高める観点から、立案、執行における論点、争点を明らかにするとともに、執行後における政策評価に資する審議に努めるものとする。

（予算・決算における政策説明資料の作成）

第７条　町長は、予算案及び決算を議会に提出し、議会の審議に付すに当たっては、前条の規定に準じて、分かりやすい施策別又は事業別の政策説明資料を作成するよう努めるものとする。

　本著では、一般質問を「もっともはなやか」という評価には疑問を呈し、議案審査の重要性（質疑後の議員間討議、重要議案にかかわる参考人招致、討論の充実（少なくとも同一議案に対して3回は可能とする）など）を強調している。とはいえ、質問をなくせとは提言していない（そうした提案も聞かれるようになってきたが）。地域からの重要な提言の1つだからだ。それには、地域で眠っている、表に現れない内容も含まれる。それを政策の中に位置づける必要がある。

　1つのベクトルは、議会活動からの提案。たとえば委員会の所管事務調査の内容は、委員会提案（決議、条例等、委員会代表質問など）で議会に登場させることができる。そこで一致していない内容については、各議員で重要だと思われるものは、独自に質問できる。その場合は、その議論にかかわった議員には共通認識がある下でのものである。議員も住民も関心を持つ。

　もう1つのベクトルは、個々の議員の質問を単なる一個人のモノではなく議会として受け止めて政策化する。質問のその後を追いかける追跡調査などは広がっている。質問前に議員同士が質問内容をチェックしよりよい質問にすることも行われている（北海道別海町議会）。個人のスタンドプレイから議会の質問への大きな転換である。それによって、質問の質が向上するとともに、質問後の成果への注目は、議員個人だけではなく議会全体によるものとなる。成果も向上する。

　こうした2つのベクトルは、機関としての議会（議会からの政策サイクル）の中に質問を位置づけることになる。もちろん、そこにのらない（ようするに多くの議員には理解できない）内容もある。それも地域課題にとっては重要な提案の場合もある。少数派の意見、あるいは

多数の人々には見えない事象を、政治の場の登場させる
意味、将来に警鐘を鳴らす意味で重要である。だからこ
そ、傍聴や議事録は政策にとって不可欠だ。

序章　本著の意義：質問・質疑力と議会力の相乗効果

【コロナ禍で浮上した議会における質問の力点移動】

　筆者は、機関として作動する議会を提案してきた。「住民自治の根幹」としての議会には、地域経営にとっての重要な権限すべてを付与されている。多様な議員による討議と決定が行われるからだ。もちろん、議員が住民と乖離して決定を行うことを想定していない。本著では、むしろ住民、議員、首長等によって構成される討議空間である議会を想定している（フォーラムとしての議会）。

　ただし、こうした機関として作動する議会を侵食するものが議会運営に組み込まれていると感じてきた。一般質問（および会派代表質問）は、地域課題を政治・行政の場に登場させる重要な機能があるもののそれが浸食の大きな要因である。議員は一般質問に注力する。その議員を支援する住民も喝采を送る。機関として議会を作動させることは、脇に追いやられる。

　国会中継を見て、その国会から学んだ質問重視型の地方議会運営が実施されてきたのだろう。筆者は、こうした一般質問重視の従来からの議会運営を改革することが機関として作動させることになる。とはいえ、一般質問も地域の課題を政治・行政の場に登場させる重要な意義がある。したがって、質問は一方で、機関としての作動を阻害する要因であるとともに、他方では、政治・行政の場に地域課題を登場させる要因でもある。そこで、一般質問を政策資源として活用することを提案したい。機関として作動を阻害しないだけではなく、促進させる一

般質問を模索する。

　新型コロナウイルス感染が拡大し、新たな議会運営が求められた。その中には一般質問を再考するトピック・提案も登場している。

①活発な議会とはなにか　一般質問を議会活動の中心に位置づける議論

　コロナ禍で一般質問の「中止」や時間の制限を問題とする論調である。2020年３月議会からはじまり１年間はこの話題に事欠かなかった。たとえば、愛知県内の54の市町村議会のうち、「岡崎市や豊橋市など21の議会で今年度、コロナ対策として、議員の一般質問を中止したり、発言の時間を減らしたりした」という調査結果を報道し、「コロナ禍で本当に生活に困っている人がいる。今こそ議会が活発に活動し、自治体に政策を提案していかなければならない」などとある議員の訴えを紹介している。一般質問が議員活動における比重が高いことを暗示している。活発な議会活動と一般質問を連動させる報道となっている[1]。なお、一般質問の中止はできない。会議規則上（傍聴中止は地方自治法上）不可能であるが、報道の中には自粛と中止を混同するもことも多い。

②議会力アップの一般質問　一般質問を議会力アップのために議会として位置づける

　ビアンキ・アンソニー愛知県犬山市議会議員は、「今だからこそ、縮小よりも一般質問の目的や議会全体との関係や現在のあり方を見直せば議会機能向上につなが

1　「地方議会の一般質問、中止や短縮相次ぐ　コロナ影響か　愛知の女性議員団体調査」（「女性を議会に！ネットワーク」による調査）名古屋テレビ【メ～テレ】2021年３月11日。

る」と指摘する。「一般質問は、一議員対行政」であり、これが「一般常識」になっている（「多くの議員が他の議員の質問に自分と関係なく、興味がない」）。議会機能向上のために、議員同士による条例づくりや、「質問の内容と答弁を聞いたうえで納得ができないなら、発言者だけではなく、全議員、そして議会としてアクションをとる必要があるかどうかを議論すべき」だと。

「もう一歩」進めるには「これからは内容によって、一般質問ではなく直接議員間討議にもっていく」ことが必要だという（ビアンキ・アンソニー「コロナ改革と一般質問」『自治日報』2020年6月5日）[2]。

また、竹下譲さんは「『一般質問』は、議決機関すなわち意思決定機関としての議会の活動ではない」と断言する。個人的な要望・要請にしか過ぎない。「議会が首長によって招集され、行政機関が提案する議案を、職員の説明を聞くだけで採択する」状況も問題にしている。「議会運営の仕方すべてを見直すことが必要」であるという（竹下譲「コロナ騒動と地方議会」『自治日報』2020年6月12日）。

そのために、一般質問の意味転換を行う。それは「一人の議員の想いだけで『質問』・『要望』するもの」である。それを転換させる。その要望を「採択すべきか否かは、何はともあれ、議会が判断する」。また、その要望を「行政機関ではなく、他の議員に向かって提案し」、それを「議員全員で熟議し、重要なものは決議」するという提案である（竹下譲「『議員』の責務を果たしているか？」『自治日報』2020年12月11日）。その提案は、一般質問改革

2　「実は一般質問を廃止し、物事を決めることを議員間討議においてしかできないようにすればよいと、たまに思う」とも述べている。

を通した議会改革に収斂している。

　ウィズ・コロナの時代に、議会・議員のあり方を再考することが急務である。まさに、「Beyond　コロナ」を目指すことである。その重要な要素が一般に重視されている一般質問（そして質疑・討論）の位置づけの再考である。議員間討議の重要性と手法を再確認することでもある。もちろん、現状において一般質問に磨きをかけることは重要であり、現行制度の枠内での充実・強化策、そして政治的磁場を考慮した会派の意味についても考える。

　本著では、質問を機関としての議会の作動に組み込むことを提案する。会派代表質問なども視野に入れる。同時に、質問とともに質疑・討論・表決の重要性を強調することになる。議会運営では、質問だけではなく、表決（質疑・討論を含めて）が極めて重要だからである。本書での議論に、質問だけではなく質疑を入れているのはこのためである。

＊　　＊　　＊

　議員の質問（個々バラバラな質問）と同時に、議会としての質問（議員間討議を重視した質問）を強調している。従来、前者の強調だかが流布していることに対して、本著では後者を特に強調している。とはいえ、個々の議員の問題意識や、それに基づく質問が充実していなければ、議会としての質問（質疑）は充実しない。

　一般的には、政策提言型質問と監視型質問に区分されている。前者は、首長の政策提案に対する賛同や批判、後者は首長提案にない政策の提示、両者に係るのは首長の政策提案への修正提案などを想定してよい。両者にかかわるのは、首長の政策方針・政治姿勢、自治体の将来像、国や都道府県の政策等との関係などのテーマである。

質問は、どこに類型化されるか、何を素材にするかを想定しながら質問のブラッシュアップを図ることになる。

総合計画をはじめ自治体計画・行政計画、統計、他の自治体の政策動向、住民・専門家の意見、そして議事録は、輝く質問を作成する上での最低限の素材である。これらに関連文献、議員や住民とのネットワークが質問を充実させる。

【再確認：質問の意義―二元的代表制における質問の位置】

本著では、一般質問（会派代表質問）について、地域の課題を政治行政の場に登場させる重要な意義があることを強調している。個々の議員や会派だけのために議論するいわば「はな」としての位置づけでは議会は分断化される契機となることの問題を指摘しながら、地域の課題を政治・行政の場に登場させる重要な意義も十分認めている。

そもそも、この一般質問は日本の地方政府形態からは必然だった。国政の議院内閣制の議会運営を模写したこともある。そもそも、日本の地方政府形態は、アメリカ連邦政府を念頭におけば（二元代表制の類型）、異質である。筆者は、流布する二元代表制ではなく、「的」を挿入しているのは、これを意識しているためである（二元的代表制＝機関競争主義）。議院内閣的要素が組み込まれていることである。

首長に対する不信任決議（それに伴う議会の解散）はその典型であろう。また、アメリカ連邦政府では、法律案の提出権、予算案でも議会側に大きな権限がある。もちろん、大統領から提出される年次教書の影響が大きいことを考慮しなければならないが。

一般質問の必要性との関連では、議案提出権について
である。アメリカ連邦政府では、議案はいわゆる議員立
法で、膨大な数の提案を委員会に付託し公聴会などを行
い討議し、その後本会議で討議し表決する。

　予算案は、大統領予算案の議会提出により審議が始ま
る。大統領が予算編成権を持っているように思えるが、
「米国憲法には予算作成に関する大統領の権限規定はな
く、大統領予算案は、議会が予算編成をする際の参考情
報との位置づけ」となっている。「議会は、大統領予算
案に従う必要はなく、担当省庁からのヒアリングを行い、
自らの議会予算案を作成」する。この「議会予算案を可
決し、大統領の署名を得ることにより、予算が成立する」
（森山　2023：39）。

　決算については、会計検査院（GAO）が大きな役割
を果たす。これは、立法府に属する独立機関であり、財
務監査のほかに、公金の経済的・効率的な使用に関する
議会の判断を支援のために各省庁等の支出を分析するこ
とも行う。また、「自らの裁量や議会からの要請により、
現行法の下で政府が実施する事業・活動の結果を評価す
る」（松浦　2015：2）。

　日本の場合、議員・委員会立法も可能であるが、ほと
んどの首長から提出されていること、地方財務の権限（予
算案・決算案の提出権）が首長に専属していること、監
査委員が執行機関に配置されていることなどを想定すれ
ば、議会・議員の監視・政策提言の力をつけることは重
要ではあるが、首長の監視・政策提言に影響を与える質
問は重要となる。

　地域の課題を政治・行政の場に登場させる意味を超え
て、日本の地方政府形態の構造的問題を視野に入れて質
問の意義を確認しなければならない。

　なお、日本の地方政府形態から考えれば、都市計画審議会の必置とその中に議員が配置されることや、執行機関である監査委員に議員が入ること（選択制）は、二元（代表制）と単純に考えれば、異質に映る。前者は、住民の意向を把握したいためだが当時の住民参加といえば議会に重要な意義があったことから、制度化されたものであろう。そろそろ、改正したほうがよい（議員の配置を禁止）。また、監査委員を議会に配置していない状況では、ベターな制度であり、その実質化を図るべきであろう（議会が監査委員を活用するなど）（江藤・新川編　2021）。

＊筆者が二元的代表制（「的」を挿入）を採用するのは、日本独特の地方政府形態（議院内閣制的要素を組み込んだ二元制）だけからではない。「的」を挿入しない二元代表制だと、議会と首長の関係が主題となり、筆者が重視する住民が軽視され、また議会と首長の「対立」が強調され機関競争（議会と首長との競争）が軽視される可能性があるからである（江藤　2012b）。

第1部　質問・質疑を チーム議会に活用する

住民自治を進める 質問・質疑の基礎

第1章のポイント
○論点１：議会だよりから見る議会運営における質問の位置の変化を理解する。
○論点２：質問と質疑の性格は異なる。質疑では、自分の意見が言えないと嘆く議員がいるが、議員間討議の際に主張すればよい。
○論点３：質問は政治的磁場で行われる。実効性を高めるには議会として質問を取り上げる視点の確立と手法の開発の必要性を確認する。

1．質問の意味転換

【議会だよりから見る変化　議会＝質問の場からの脱却の兆し】

　学生時代から地方議会を傍聴してきた。議会は議員、あるいは会派が首長等に質問しそれに首長等が答えるといった質問応答の場だった。時は移ってもそのような場は変わっていない。とはいえ、徐々にではあれその意味の転換がおきている。手元にある議会だよりからその変化の兆しを確認しよう（表2参照）。

①質問のその後の報告義務　「言いっぱなしの質問」からの転換

　質問の「その後」の経過報告をシステム化した議会がある。『飯綱町議会だより　６月定例会』VOL.55（2019年７月31日号、長野県）では、「あの時のあの質問　どうなった??」頁（２頁分）がある。そこでは、安全、教育、産業、移住の４項目それぞれ２つずつ取り上げられている。

　たとえば、安全の項目の１つでは、一般質問と応答は「Q 交通安全対策の強化を。A 危険箇所は、現場確認の上、効果的な安全施設の設置を考える。」だった（2018年９月）。「議会だより」では、それを踏まえて首長からの対応として、「安全施設費を増額。今後、危険箇所を

表２　議会だより（議会広報）改革

・住民に手にとって読んでもらうような改革：
　名称変更（あきる野市（ギカイの時間）、可児市（議会のトビラ）、犬山市（議会の手帖）等）
・住民（傍聴者、見学者）からの声の掲載：
　議会（だより）モニター（北海道栗山町、長野県飯綱町）、見学者や傍聴者からの発言
・議員、会派の議案に対する賛否
・質問の追跡調査：山梨県昭和町、北海道芽室町（追跡システム）、飯綱町
・質問（一般・会派代表者）の議会だよりにおける位置付けの変化（個々の議員質問と比較して議会活動報告の比重を高める）：埼玉県寄居町、大津市
・質問の分類：
　飯綱町、寄居町、開成町（総合計画と連動（総合計画をQRコードで補完））
　議論するテーマを前面に出す（議論を巻き起こす）
・HPでの公開、QRコードでのHPとの連携：
　大津市（HPにおいて、音声変更や色変更）、寄居町（質問や重要施策等をQRコードで詳細に（質問は動画との連動））、取手市（頁数を大幅削減）
・編集に住民も参加：
　飯綱町・福島県会津若松市（議会だよりモニター）、熊本県大津町（編集に学生が参加）
＊特徴的な試みには自治体名を明記。

●自治を担う「フォーラム」としての議会

把握し、新設、老朽化施設の修繕を計画的に実施する」という首長による経過報告を掲載している。また、移住の項目の１つでは、一般質問と応答は「Q 空き家対策の進捗状況は。A 空き家台帳の更新をしていく。」だった（2018年６月）。それを踏まえて首長からの対応として、「空き家の実態調査を業務委託し、実施。」という首長による経過報告を掲載している。

　議員の質問が継続的に首長とのキャッチボールに活用されている。「言いっぱなし質問」からの離脱である。山梨県昭和町議会では「議会だより」に「追跡調査」として掲載している。質問の「その後」が明らかになる。今日、全国の先駆的議会では、さまざまなバージョンアップが行われている。その１つがすでに紹介した飯綱町議会の「あの時のあの質問　どうなった??」である。本著で強調したいことは、質問を個人の質問から「追跡調査」として議会運営の中に位置づけそれを「システム化」したことである。本著では、このシステム化を検討することになる。飯綱町議会は、質問にあたって首長等が「検討したい」とした事項を半年ごとに議会に首長が書面で報告する制度を構築し、それを議会は議会だよりで公開している[3]。

②議論を巻き起こす編集　「質問を主軸にした編集からの転換」
　『お元気ですか　寄居議会です』No.93（2019年８月

3　二元的代表制を作動させるために、この他次の実践も行っている。議会は９月に首長に対して「来年度予算政策要望書」を提出している。これは必ず課長会議等で議論され、その結果を議会に報告する制度である（それを議会は住民に報告する）。また、議会が首長提案を否決、不承認とした際に、議会として改善策を首長に提案する制度も構築した。

１日号）では、特集記事の後に「議員が聞いた！今とこれから　一般質問」が掲載されている。12頁中７頁（表紙のタイトルを含む）が特集である。この特集は「無投票でいいんですか？」である。統一地方選挙で無投票当選を踏まえての緊急企画だった。こうした特集が前面に出て、一般質問はその後、しかも字数は少ない（一議員360字）。一般質問中心の議会だよりではなく住民に呼びかけて議論を巻き起こしたい特集記事が中心となっている。ちなみに、一般質問が軽視されているわけではない。QRコードを配置し、それで動画も見ることができる。

　特集では10代、20代、30〜40代、50〜80代、といった年代別の住民の声、および議員からの声を多角的に掲載している。その前に、無投票の要因（従来のなり手層の減少（自営業・農業）、待遇の不満・不足（報酬や年金）、町・地域への無関心、議会への不信感）、および無投票による問題（あえて努力しようとは思わない、緊張感は欠如する、質の低下は免れない、町全体が沈下する）が明確に記されている[4]。

　この特集、および質問の掲載の仕方によって、議論を巻き起こしたい議会の意欲が理解できる。2018年11月から、議会改革評価、議会報告会、予算といった特集が組まれている。

　片山善博さん（元鳥取県知事）は、一般質問重視や議決への賛否（個人・会派）掲載を改革とすることを「ピント外れ」として問題にする。むしろ、議決した内容を分かりやすく説明することを強調する。そして、次の

4　最終ページには、「私たちは、選挙で選ばれました！」と中学校の生徒会のインタビューが掲載されている。無投票からの大いなる反省が読み取れる。なお、「読まれない議会だよりには出す意味なし」という方針で編集に取り組んでいる。

議会で議論するテーマを掲載するべきだと主張している。もちろん、実際にはほとんどの議案が首長から提出されている現状から困難ではあるが、事前に住民に呼びかける「開かれた議会」となるべきだとしている（片山2019）。

寄居町の議会だよりは住民に対して問題を提起し議論を巻き起こす大きな一歩だといえよう。

この２つの議会だよりの一般質問には、最初に内容の分類がされている。飯綱町では、それぞれの議員の質問項目が最初に掲載され、関心ある議員の質問が容易に読めるように編集されている。寄居町では、総合計画（第６次寄居町総合振興計画）の項目に沿った質問項目の分類となっている。しかも、その関連資料（総合計画等）もQRコードを活用して読める。なお、寄居町の『お元気ですか　寄居議会です』No.94（2019年11月１日号）でも同様に総合振興計画（総合計画）との関連が明記されているが、それ以降は関連の明記はなくなっている。ただし、No.101（2021年８月１日号）では、一般質問の目次項目はSDGsを意識したものになっている。SDGsは地域経営でも重要である。これを意識した質問を創り出す意図は極めて有用である。とはいえ、総合計画との関連は引き続き重要である〔→おわりに〕。

神奈川県開成町議会は、議会だよりを紙A4判からタブロイド判へと変更し、町民が手に取り、ページをめくってみたくなるようにしている。一般質問は、総合計画の章ごとに分類して掲載されている。地域経営に責任を持つ議員の質問となっている。なお、開成町議会の広報は、ウェブと広報紙の両輪で「開かれた議会」の実現を目指している。そのウェブサイトは、「読む」広報から「見

る」広報への改革を進め、多様な動画を掲載し、議員の「ありのままの姿・直接話しかける姿」を住民に伝えることを目指して一新された（2022年）。議員自身が一般質問内容を20秒で説明する予告動画等が掲載されている。

【質問の意味転換の課題】

「はじめに」で指摘したように、「政策に取り組み、政策に生きるべき議員にとって、一般質問は、最もはなやかで意義のある発言の場であり、また、住民からも重大な関心と期待を持たれる大事な議員活動の場である」という位置付けがある（全国町村議会議長会　2023：156）。おそらく、多くの議員はこうした発想で質問に臨んでいることだろう。「多くの議員」といい、すべての議員と断言しないのは、議会の「ボス」となった議員が、他のルートで自分の思うエゴ（政策と呼べるかわからないためにこのように呼んでおく）を実現できると行動することもあるからである（NHKスペシャル取材班2020：第2章）。本著では、よい質問が必ず実現するわけではなく、権力構造（議員・会派と首長の関係）を意識する必要性を常に指摘している。こうした発想から質問は、議会をまとめない（機関として作動させない）ための手法ともうつる。

「最もはなやかで意義ある発言」による政策の実現という質問への評価とは反対に、質問は、「八百長と学芸会」という批判もある（片山善博さん）。今後検討するように、通告制度があり、これを密にやれば、単なる「朗読会」になることへの批判である。また、そもそも議員の質問を行政職員が書いている（そこまでいかなくともヒントをもらっている）といった議員の役割を放棄する者もいる。

今日、議員間討議の重要性が指摘され実践されているが、議会が質問とその応答の場として相変わらず機能している。議会が質問の場になった原因について、後述する〔→第1章3〕。ここでは、機関として作動する議会にとっての質問の位置を確認しておこう。なお、議員となった際の「想い」は、議会報告会等によって表われた住民の意見とともに新たな議会の作動の資源になる。一般選挙後の臨時議会では、それぞれのマニフェストの学習会をやり、情報共有とその「想い」の実現のための手法（共通テーマについての戦略的連続的質問、所管事務調査等）を開発する必要がある。また、機関として議会が議員の質問を活用するにしても、議会の活かし方が議員の「想い」とズレる場合もある。その場合、議員の意向は機関としての議会に溶解されず、独自に質問をして政策実現のために活動する必要がある。その関連を問うことが、本著の課題である。

　本著では、政策を実現するためのものといった原則を踏まえて、会派代表質問でも（会派内民主主義の徹底）、委員会代表質問（事例：岐阜県可児市）でも同様であること、政策提言は監視と提言が連動（質疑と質問も連動）していることを確認する。また、その手法として、会期ごとの質問等の反省会開催（会津若松市議会）、議会に報告させる制度（飯綱町）、議会として調査を行う制度（昭和町、北海道芽室町）、等を紹介しさらなるバージョンアップを図る。

2．質問と質疑は違う
　　質問と質疑の異同を新たな議会に活用する

【質問力をめぐる住民と議員の異同】

　議会は、議員の質問の場となっている。研修において、

「よい質問」「悪い質問」の基準、質問の技術をめぐる問いが筆者にも出される。充実した質問を真摯に行おうとする議員にとってその意欲は理解できる。ただし、議会に限らず質問は日常的に行われている。住民にとっても質問力向上は重要である。

学校・中学校、高校での授業や学級会・ホームルームでは質問は当然で、ディベートも活発に行われている。大学でのゼミでは日常から「論争」が行われている。

これらには事前準備が不可欠だ。この事前準備にはそのテーマについての下調べだけではなく、発言のストーリーも含まれる。ストーリーは、起承転結とともに、獲得目標、論争による論点の変化による新たな獲得目標といった新たな展開への対応が含まれる。

質問力（質疑力を含めている）は、議員の専売特許ではない。議員の質問力向上だけではなく住民自治を進めるには、住民のそれも必要だ。現状を理解し問題点を解決する監視・政策提言を行う力は両者に必要である。筆者はかつて、議員の資質として情熱（熱情）、判断力（目測能力）、結果責任（以上、M・ウェーバー）とともにコミュニケーション能力（住民、議員、首長等）をとりあげた。質問力は、コミュニケーション能力の1つであるが、ウェーバーによる3つの要素と密接に関連している。これらは、議員だけではなく住民にも必要である。

とはいえ、議員の質問は一般の住民とは異なる。

①より真摯で慎重な議論（質問等）の必要性

他の団体と同様ではあるが、次の点からより慎重な議論（質問等）が必要である。税金等による財源に基づく予算を決め、決算を認定し、条例を制定することなどを議会は行う。いわば「権力」機構の一翼を担う。議会の

活動の影響はすべての住民に及ぶことから市民社会の団体とは異なる。

②質問と質疑の区分による二元的代表制の活性化

　議会運営上、質問と質疑は明確に区分される。一般の団体では質問と質疑は混在する。議会運営上、質問と質疑を区分するのは、二元的代表制を活性化するためだ（現実にこうなっているという意味ではない）。質疑は、ほとんどの議案を提出する首長に対して、その議案に対する疑義を表明し論点を明確化することである。その後が重要である。それを前提に、議員間討議によって論点をさらに明確にするとともに、必要があれば、修正、附帯決議の提案を行う。まさに、二元的代表制を作動させる政策過程に質疑を組み込む必要がある。もちろん、議案の提出者は、議員や委員会も可能だ。その場合、質疑の対象は、その場合、議員・委員長になる。

　質問も二元的代表制を作動させるための道具である。質問は、議案の提案の多い、そして執行権を有する首長に対して、議員等（会派、委員会）から監視・政策提言を行うものである。

　質疑は、首長からの提案を基点とした議案の監視に、質問は、首長への監視・政策提言の役割を担う。どちらも二元的代表制の活性化ではあるが、政策過程における位置が異なる。

　質疑は一般的に首長が起点、質問は議員等が起点である。この相違の強調は、議員や住民にこれを認識していただきたいためである。

　なお、質疑は、自己の意見を述べることはできない。当然だ。提案内容、提案者の意図を問うからだ。「自分の意見が述べられない」と嘆く議員がいるが、その後の

議員間討議による審議で意見を述べ論点を明確にすれば
よい。本著全体で理解していただけるであろう。

【質問と質疑の異同】

　議会運営において質問と質疑は、明確に区分される。
この区分は二元的代表制を作動させる条件だ。

　本著では、個々の議員や会派による質疑や質問は重要
であるとしても、それを機関としての議会が活用するこ
とを強調する。いわば、議会からの政策サイクルを豊富
化する質問と質疑の役割と手法を考える。まず質問と質
疑の相違を確認したい。

〔参考：質問と質疑の融合？〕

　本著では、質問と質疑は厳格に区分する。前者は、
行政一般に対しての議員・会派・委員会の意見の表
出、後者は議案に対する意見である。三議長会の標
準議会規則でもそうなっている。しかし、質疑と質
問を併せた会派代表質問ができる議会がある。質疑
と質問の融合だ。

　たとえば、「従来の代表質疑制を代表質問制に改
め、議案に対する質疑のほか、市政一般に対する質
問・意見・要望も行える」議会がある。

　この一般事務の中に予算案をはじめとする議案も
含まれると考えることができる。そこで質問の一環
として議案に対する質疑を行うことは可能。ただし、
質問と質疑が別々に議会の審議で保障されているに
もかかわらず、質問の中で質疑を行う意味があるの
か確認しておく必要がある。

　予算案は、一般行政と密接に関連しているという
ことも理由の1つとしてあげられる。

なお、こうした融合は管見の限りでは大規模議会で行われる。議員数が多いにもかかわらず、議会の会期日数や本会議日数は一般の市議会とそれほど変わらない。こうした融合をしなければ、短い会期中に審議が終わらないことも理由である。また質疑は原則本会議でなく、委員会で行うべきもので、会派に所属していない議員はすべての委員会で質疑する機会がないという理由から本会議で質問の中に質疑を認める運用をしている可能性もある。

　多い議員数、強固な会派制を有する大規模議会固有の融合については、質問と質疑の区分の重要性に鑑み、その融合のメリットとデメリットを再確認しておく必要がある。

　本著では、質問と質疑の原理的な相違を踏まえて、議員力・議会力のアップを図る。

①対象の相違

　日常生活では質問と質疑はほとんど区別されていない。『広辞苑』（岩波書店）では、質問と質疑は同様である。質問とは、「疑問または理由を問いただすこと」。質疑とは、「疑いあるところを問いただすこと。質問」。ちなみに、「質疑応答」は「質問とそれに対する回答・答弁」となっている。質問は、提案内容に対する疑義を問うことに力点が置かれる。とはいえ、疑義だけではなく、それに対する対案が同時に提起されることは多い。

　議会の場合、質問と質疑はまったく異なる（表3参照）。質問は、執行機関に対して、自治体の「行財政全般にわたって、執行機関に疑問点をただし、所信の表明を求めるもの」で、本会議で問うものである（全国町村議会議長会　2023）。それに対して、質疑は、議案提出者に対

表3　議会運営における質問と質疑

	質問	質疑
対象（内容）	自由（自治体の行財政全般）	議案・修正議案*
相手	執行機関	提案者（首長、議員、委員会）**
場	本会議	本会議、委員会

注：質疑の*には、各種報告、首長の施政方針の説明に対しても行われる。前者の場合、それぞれの報告者に対して質疑が行われる。質疑の**における委員会に付託して審査する場合、および本会議に委員会報告書を提出する場合には、委員長報告に対する質疑がある。

して議案および修正議案について、本会議、および委員会で問うものである。質疑は、自己の意見を述べることはできない。議案についての質疑なので当然だろう（議案審査における議員間討議で主張すればよい）。

　議会の場合、質問と質疑は明確に異なるとともに議事日程上も異なる。質問は、議事日程に組まれている。質疑の場合は、議案審議・審査の中で行うことになる。

　質疑の位置は、本会議のみで審議する場合と委員会に付託して審査する場合とでは異なる（全国町村議会議長会　2023：118）。前者の場合、〈上程→（朗読）→説明→質疑→討論→表決〉、後者の場合、〈上程→（朗読）→説明→質疑→委員会付託→審査（審査終了後）→委員会報告書提出→本会議に上程→委員長報告→委員長報告に対する質疑→討論→表決〉となる[5]。

　本著で論点となるのは、質疑から討論に向かう過程、あるいは審査の過程である。ここに新たな議会にとっての質疑の重要性が活きる。そして、修正や附帯決議（そして否決）の可能性である。

②議事日程上の相違

　質問は広範囲で、質疑は議案をめぐるものである。他の団体・組織の会話では、議案を問う場合でも、意見が混在することはよくある。

　議会の場合、質問と質疑は厳格に区分され、議事日程上も区別される。質問の場合は通告制となっている。

③根拠の相違

　質問や質疑は、議員の義務・責務ではない[6]。とはいえ、極めて重要である。その意味は、従来からこれが議会において議員の主要な活動だったという意味ではなく、新たな議会を充実させる道具となるからである。

　法律には質問の直接的な規定はない。そこで、質問について「違法性及び適法性について議論」があるといわれるが、「議員の身分及び職務と一体となる固有の権能として当然これを有するものである」（野村・鵜沼2013b：148）[7]。

　地方自治法上、首長及び委員長等の出席義務がある（自

5　審査には質疑を含む。なお、（朗読）のように、朗読に括弧を付しているのは、議案は事前に配布されているために朗読しないことを原則とし、議長が必要と認める場合には朗読させる（たとえば、「標準」町村議会規則38）。議員だけを念頭に議会運営を考えればこれですむかもしれない。しかし、本著で強調するように議会は議員だけのものではない。フォーラムとしての議会であるならば、住民（傍聴者）にも議案を配布すべきである。会期がはじまらなければ議案は提出されないが、事前説明で配布された議案らしきものでもHP等で公開（修正されることも断ったうえで）すべきである。

6　野村・鵜沼（2013a：第6章）では、議員の義務・責務として会議に出席する義務、常任委員就任の義務、法令を守る義務、議会運営委員会の決定事項を守る責務、懲罰に服する義務、住民全体を代表、執行権への不介入が取り上げられている。

7　議員の「固有の権能」という表現は、全国町村議会議長会（2023：136、155）にもある。

治法121）。「審議に必要な場合」にである。議案や施政方針、さらには各種の報告への質疑だけではなく、行財政全般にわたって執行機関の疑問点をただし、所信の表明を求める質問も含めて理解することができる。質問や質疑は、議員の「固有の権能」だ。とはいえ、本著では、これを意識しつつも、その行使を議員（会派）に専属させるだけではなく、それを二元的代表制の「議会としての」作動に活用する視点と運用を確認する。

　質問と質疑は、従来議員個人、会派のものであり、議会のものになっていない。議員の固有の権能だとしても、二元的代表制を活性化させる質疑と質問を構想したい。議会からの政策サイクルを豊富化する質問等の考え方（基本的視点）、議会運営上の留意点（一問一答方式、通告制、関連質問、追跡調査等）、および技術的な留意点（事前準備（ストーリーを含む）、作成にあたっての支援等）について考える。

【質問と質疑の会期日程上の相違】

　確認したように質問と質疑の性格は異なる。そのために、会期日程上も当然別途の枠である。一般的には、質問が先で質疑は後になっている（通年議会・通年期制も）。ちなみに、議事日程を議長の権限とすることは、会議規則で（３つの議長会の標準会議規則等を参照）、会期を議会が議決することは法律で規定されている（自治法102⑦）。自治法で規定するのは、「自主・自律性の原則」からのものである。招集権は、いまだに首長が持っているものの、戦前には会期を決めるのは首長にあったことからすれば、この原則に基づいて会期を決めるのは議会権限であることを再確認しておきたい。会期日程は、期間（日数を決める場合と、何日までという期限を

決める場合がある）である（会期中に変更可能）[8]。それを議決する際には、予定表（本会議・委員会開催日、休会日等の記載）が配布される。（図1は、会期日程における予定表の例である。

　なお、こうした一般質問の後に議案審査を行う会期日程ではなく、それを組み替える議会もある（図2参照）。兵庫県宝塚市議会は、一般質問と常任委員会での議案審査の順番を組み替えた（2011年第3回定例会から実施）（宝塚市議会編集・発行　2015：149-151）[9]。それによって、一般質問が中心と考える思考に対して「議案審査を第一優先とする姿勢を打ち出した」。この議案審査の充実のために、自由討議と論点整理の導入も行われた〔→第3章1〕[10]。

　自由討議を委員会での質疑の時間枠で行うことを申し合せている。自由討議後も質疑に戻れる設計である。質疑を議員個人のものとしないで、議会として個々の議員

8　首長の多忙を考慮して短期会期とする議会が「少なからずあるが、これは議会自らの審議権を圧縮するもので、適当な姿ではない」（野村・鵜沼　2013b：24）。

9　筆者は、この発刊に際して、宝塚市議会の議会改革の意義を論評する中で、次のように指摘した。「とりわけ、常任委員会等の審議を充実させるとともに、一般質問を『個人の想い』から委員会等の審議を踏まえた『議会の想い』に転換させたことは宝塚市議会改革の真骨頂といってよいでしょう。一般質問を常任委員会・常任委員協議会における論点整理や議案審査の後に行うことによって可能となりました。議員個人の集まりを超え議員間討議を踏まえた機関としての議会の作動です。」（江藤俊昭「発刊に寄せて　新たな住民自治の教科書」宝塚市議会編（2015）所収）

10　自由討議は、「業界用語」だと思われる。討議は、そもそも自由に討議するものである。議員間討議ということがまずもって妥当であろう。とはいえ、それぞれの議会の実際の運営では、自由討議としている。そこで、便宜上「自由討議」とする。本著では、住民・議員間討議、議員、首長等間討議といった多様な討議の必要性を強調する。

図1　会期日程（3月12日が月曜日の年の事例）

月日	30	29	28	27	26	25	24	23	22	21	20	19	18	17	16	15	14	13	3・12
曜	金	木	水	火	月	日	土	金	木	水	火	月	日	土	金	木	水	火	月
会議・休会その他	本会議（閉会）	休会	休会	委員会	委員会	休日	休日	委員会	委員会	秋分の日	休日	委員会	休会	休日	本会議（議案審議）	本会議（一般質問）	本会議（一般質問）	休会（議案等検討）	本会議（開会）

出所：全国町村議会議長会（2023：105）。

図2　宝塚市議会における議案審査スケジュール組み替え

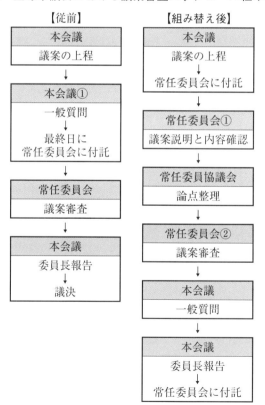

【従前】

本会議
議案の上程
↓

本会議①
一般質問
↓
最終日に
常任委員会に付託
↓

常任委員会
議案審査
↓

本会議
委員長報告
↓
議決

【組み替え後】

本会議
議案の上程
↓
常任委員会に付託
↓

常任委員会①
議案説明と内容確認
↓

常任委員協議会
論点整理
↓

常任委員会②
議案審査
↓

本会議
一般質問
↓

本会議
委員長報告
↓
常任委員会に付託

の質疑を活かす姿勢がみてとれる。また、論点整理とは議案審議の際に議論のテーマとなるべきポイントであり、効率的・効果的な議論のために、事前に論点を明確にするものである。個々の議論の質疑に対して、議会として「論点ごとに集中して議論を深めること」を目的としている。議員自らがこの「論点整理」をまとめている。

　2つの会期日程を紹介したが、順序は異なっていても質問と質疑（審査における質疑）を明確に区分していることでは同様である。

【質問と質疑の類似性：監視と政策提言の共存】

　質問と質疑は、その性格上厳格に区別されなければならない。ただし、政策過程から見れば、それらは監視と政策提言という性格を併せ持っている。

　質疑は、議案提案者に対して議案あるいは修正議案について疑義を申し立て議案等の内容や意図するところを明らかにするものである。議員自らの意見を述べる場ではない。とはいえ、疑義を正すには議員の問題意識に裏付けられている。質疑・応答に基づいた議員の質問等による展開が想定される。また、質疑の後の委員会等による議員間討議により論点をさらに明確にするとともに（〈質疑→自由討議→質疑〉の可能性）、問題があれば代替案を提示することになる。修正、附帯決議、そして否決も政策提案である。監視と政策提言の融合である。議案審議の一貫として質疑が導入されていることを強調しておきたい。

　一方、質問は自治体の行財政全般にわたって首長等に責任の所在の疑義をただし、所信の表明を求めるといった地域経営に対する広範な役割がある。したがって、質問にはそもそも監視と政策提言の両者が含まれる。

　このように、質問と質疑は監視と政策提言の要素をどちらも有している。この論点については、議会からの政策サイクルの中にこれらを位置づけながら、別途検討する〔→とくに、第4章〕。その際、個人や会派による質問と質疑は意義あるものではあるが、それを活かし議会としてかかわる手法を開発する。

【「質問」等を議会審議に活かすには：制度的保障とその思想】

　変化の兆しはあるが、議会の多くはいまだ質問等の場と化している。自治法では、「質問」という用語は、一度も出ていない。それにもかかわらず、質問等は二元的代表制の作動にとって、従来とは異なる意味で重要であることを確認する。

　すでに指摘したように単に自治法で首長等の出席義務があるからといったレベルにとどまらない。この規定は議会が独自に、具体的には地域経営にとって重要事項を質問という形式であれ質疑という形式であれ、首長等に政策を形成、あるいは執行させること、および監視によって政策、および執行システムを是正させるためである。質問はもとより質疑も議案のほとんどが首長から提出されることを考慮すれば、首長等が議場に出席することが前提である。多くの議会のように、質問等だけに議会運営が終始していれば、なにも自治法が想定する議長の要請に基づく「出席義務」ではなく、議会（議場）に不可欠な主役としての首長等を想定すればよい。しかし、自治法の構成はそうなっていない。

> 地方自治法第121条【首長及び委員等の出席義務】
> 　普通地方公共団体の長、教育委員会の教育長、選

挙管理委員会の委員長、人事委員会の委員長又は
公平委員会の委員長、公安委員会の委員長、労働
委員会の委員、農業委員会の会長及び監査委員そ
の他法律に基づく委員会の代表者又は委員並びに
その委任又は嘱託を受けた者は、議会の審議に必
要な説明のため議長から出席を求められたとき
は、議場に出席しなければならない。ただし、出
席すべき日時に議場に出席できないことについて
正当な理由がある場合において、その旨を議長に
届け出たときは、この限りでない。

2　第102条の2第1項の議会の議長は、前項本文
の規定により議場への出席を求めるに当たって
は、普通地方公共団体の執行機関の事務に支障を
及ぼすことのないよう配慮しなければならない。

この「出席」は、戦前の旧制度（市制町村制等）と戦
後の制度（自治法）では大きな意味転換が行われている。
旧制度では、府県知事、市町村等は、会議に出席して議
事に参与する権限を有していた（首長の議事参与権）。
なお、旧府県制・市制・町村制では、首長が「その都度
付議事件の件数、性格及び内容等を考慮して会期を決定
していた」（野村・鵜沼　2013a：24）。今日、一度議会
が招集された後では、議会は会期を独自に決定できるこ
とはすでに指摘した。

首長等の規定の挿入は、連合国軍最高司令官総司令部
（GHQ）が首長の直接公選（二元制・大統領制）を念頭に、
首長等は「みずから議会に出かけることはせず、説明書
を議会に提出できるようにした」かったからである（佐
藤編　2005：570）。議院内閣制におけるアリーナ型議会
（与野党の弁論の戦いが中心：イギリス議会等）ではな

く、大統領制における変換型議会（社会の利益の反映と
それを調整する立法作業が中心の議会：アメリカ連邦議
会等）を想定したものである（2つの議会は、ネルソン・
ポルスビーによる分類）[11]。この文脈で、議会が首長等の
出席なしで政策を議論することが想定されている。

　戦後の制度では、議会（正確には議長）が請求した時
にのみ首長等が議場に出席する義務を規定した。その意
義を確認すべきだ。議事参与権を継続させようとした政
府に対して、総司令部は「普通地方公共団体の長その他
の執行機関の職員は、議会の請求がなければ出席しない
こととし、教書により、その意思を伝える方法をとるこ
と」とする意見を提出し、その趣旨で自治法が制定され
ている（佐藤編　2005：570）。首長等の議事参与権とは
異なる議会運営が想定されている。それにもかかわらず、
それが継続し質問等の場となっている現状の問題点とそ
の脱却の方途を考えよう。

3．質問・質疑の政治的磁場

　本著では、二元的代表制の作動、つまり議会からの政
策サイクル＝住民、議会・議員、首長等の協働であるフ
ォーラムとしての議会を強調している。質問・質疑（質
問等）は、それを作動させる重要な要素である。つま
り、質問等によって三者の討議空間を創出する。とはい
え、質問等は、二元的代表制とは異質の首長等と議員・
会派の癒着につながる可能性がある。水面下での一部の
議員・会派（人数としては多数が多い）の意向が首長側

11　筆者は、議会と首長の関係では、議員同士が議論することが前提
　　である変換型を踏まえつつ、議会と首長だけで自治を進めるので
　　はないことを強調している。日常的に住民が政治に参加するフォ
　　ーラムとしての議会の提起である（江藤　2016：第3章）。

に示され、議会運営をスムーズにするために「取引」によって、実現することもあるからである。こうした逸脱への誘惑は、常に議員・会派にはある。こうした場、いわば政治的磁場を意識しながら、二元的代表制を作動させる質問等の制度的保障を考えることが必要である。そこで、その磁場を確認し逸脱からの脱却ための基本的視点を確認したい。

【住民自治における質問等の位置】

　議会内の少数派（議員、あるいは会派）でも、説得的な質問等により、他の議員・会派、そして首長等が動かされることもある。活動的な市民派議員・会派や熱意ある「長老議員」が日常的に調査研究して質問等を行えば首長等には無視できないこともある。これからも個々の議員や会派によるこうした活動は重要である。とはいえ、監視力・政策提言力を個々の議員や会派だけに委ねるのではなく、良質の理にかなった質問等を議会として受止め、それらの力を最大化することが重要である。それは容易ではないことを承知の上での提案である。

　議員・会派の質問等は、機関の一構成員のものであり議会としての意思として昇華されることによって実現可能性は高まる。そこで、個々の議員・会派だけでは実現できるわけではなく、議員や会派による政策実現のための討議空間の創出と議決が重要となる。もちろん、議会としての意思を示したとしても必ず実現されるわけではない。首長には予算の調製権（編成権）や再議請求権（拒否権）がある。議員と首長等（そして住民）との討議空間が必要となる。

　そこで、こうした討議空間を活性化するものとしての質問等を活用する。したがって、質問等と政策実現には

討議という媒介項を入れて議会運営を行うことが必要である。議案に関していえば、その質疑とその後の討議によって、議案の論点は深まり修正・否決や附帯決議はより説得的で現実的になる。それを踏まえての表決には議会の意思が明確になる。また質問に関していえば、個々の議員や会派のものとはいえ、討議により議会として取り組むことで議会の意思を示し実現可能性を高める。これらの詳細は、次節からの検討となる。

【二元的代表制から逸脱する質問等】

　なお、このように質疑等は討議空間を不可欠とするが、水面下の調整によって行われることも想定できる。従来の質問等は、二元的代表制を侵食するものに作用していた。帝国議会から戦後にかけての国会の運営を研究した白井誠さんは「自立的・自足的な議員同士の討議プロセス」という審議システムの外形を保ったまま、「政党会派（と政府）による質疑・応答の分断・囲い込み」が形成されたと結論づけている（白井　2019：vi、2017）。地方議会でも国会を模写して、首長による質疑・応答の分断・囲い込みが進行したのであろう。

　この分断化は首長側からの戦略の１つである。質問の場とすることは、議会の一体化を阻止する手法、分断化を促進する手法である。もちろん、首長の意向（マニフェスト等）も同様に、議会を通過させなければ実現できない。議決権は議会にある。議会・議員との討議を経た上での実現を首長は目指すことになる。この分断化には、水面下の調整によって加速される。

　質問等について、首長側から議員への積極的アプローチ、極端なことをいえば質問を行政職員が書いている、あるいはそこまでいかないとしても「このテーマで質問

するといいですよ」といった「ご教示」が職員から示されることもあるという情報が筆者のところに寄せられる。そこで、首長側に都合のよい質問等は活発に行われることになる。まさに、予定調和となる「学芸会」は、問題外だとしても、癒着を促進する誘惑は常に存在する。

「水面下の調整」に陥らないための手法の開発が必要となる。そのための制度的保障として議会からの政策サイクルを活用することが本著の目的である。なお、住民（有権者）の責務はある。住民は、討議空間を創り出すための選挙であることを認識すれば、選挙（政策選択と評価の選挙）だけが政治のかかわりではない。したがって、選挙後も政治や行政に関心を持ち、その討議空間にかかわる主体として登場する。「水面下の調整」への逸脱を監視する重要な主体は住民である。

【質問等を議会の政策に活かす視点】

二元的代表制を作動させる上での良質の質問等の意義だけではなく、それを議会として活用することを指摘した。一般質問を中心として、このことを早い時期に提唱したのは、竹下譲さんである。「どこの地方議会でも、〔各自治体が抱える〕問題点を浮かび上がらせるための議員活動が繰り返されている」。「その活動というのが"一般質問"」だという。そしてそれを超えて「いまのような一人の議員の"一般質問"ではなく、議会の"一般質問"」に転換させることを強調した（竹下　2011：53－63)[12]。まさに、機関としての議会の質問の活用の提起である。三重県教育委員会委員長として議会に出席していた経験からの議論は説得的である（以下の論点は筆者が再構成している）。

a．議員は議会活動にとって「最も重要」だと考え、

注力しているのは一般質問だ。単純に行政の実態を聞くだけという質問もないわけではないが、それは「例外」である。準備がない質問は首長等から「軽くいなされ、他の議員や傍聴者の面前で恥をかく」。準備された質問は、的を射たものであり、質問と答弁を聞けば「当該自治体が抱えている問題点や課題は自然に分かる」。理にかなった質問には、首長等は持ち帰り対策を講じるのが「今日の職員の通常の反応である」。

b. 議場が議員・会派の「独演会」になっている。質問者は、首長等相手に持ち時間を与えられて「独演会」を演じることができる。学芸会と揶揄される事態を招くこともある。他の議員は独演をただ黙って聞き、「その通り」だとも「それは違う」という反応もない。一人で質問する独演会では、観客である傍聴者はもとより議員も発言していない。「まったくの無反応」という評価である。たしかに、議員の野次は時にはあるが、筆者には少なくなっている印象を受けている。

c. 質問は政策の「きっかけ」だ。理にかなった良質の質問が首長等により受け入れられることはある。ただし、その改善策を立案するのは首長等であり、議会に提案するのは首長である。「質問者である議員が行政の流れのなかに取り込まれてし

---

12 竹下さんは、別のところで、議会が質問重視になっていることを踏まえつつ、「いまの議会に必要なのは、議会が"議会"として機能するようにすることである。個々の議員がバラバラに意見や要望を首長部局にぶつけるのではなく、各議員の意見や要望を調整・統合し、議会の意思として一本化する必要といわなければならない」と指摘していた（竹下　2005：191－192）。なお、竹下（2010：102－121）も参照。

まっている」。

    d．議会の"一般質問"にする。質問は答弁で終結するが、「むしろ、ここから次の段階としての『議会』も審議をスタートするべき」である。しかもその際、議員間討議だけではなく住民を巻き込むことが強調されている。一般質問を契機とした議会による条例制定についてであるが、「条例制定が必要だという議会の姿勢を主権者である住民が支持する場合には、職員は拒否できない」。「議会としては、"一般質問"で示された問題点を検討する段階で、さらには、その改善策として条例づくりを検討する段階で、住民の意向を十分にくみ取っておく必要がある」という。

このように、竹下さんは議員や会派の質問の場と化した議会に対して、質問を契機として議会としての一体化、討議空間を創出することを提案していた。「次の段階」の議会審議のスタートでは（上記d）、答弁後に同僚議員に次のように呼びかけ討議を巻き起こすことである。「私は問題点を指摘し、執行機関は答弁した。この問題点の改善が早急に必要だと思うが、皆さんはどう判断するだろうか」という呼びかけで、その指摘の妥当性を審議した後、議員全員で対応策を考えることである。本著では、この「一人の議員の"一般質問"ではなく、議会の"一般質問"」という視点を豊富化することになる。

質問に磨きをかける

第2章のポイント

○論点1：質問を「一議員対行政」の構図にはしない（追跡質問、委員会代表質問、市民フリースピーチ、一般質問検討会議）。

○論点2：質問のイメージを変えるには、地方政府形態の思想・運営に基づいている（本著では、二元的代表制＝機関の作動の中に質問を位置づける）。

○論点3：質問の実現性を高めるには、そのTPO（時・場所・場合）を考慮し、共感（住民、職員、議員）が必要だ。

○論点4：質問を議会のものにするには、充実させた通告制、重複質問調整制度、文書質問などを活用する。

○論点5：一般質問廃止の議論を踏まえながらも、政治的磁場を確認しながら、政策議論を活性化させる一般質問の意義を確認する。

1．一般質問を「議員の」から 「議会の」へと転換させる

【一般質問の意味転換】

本著では、〈個々の議員の一般質問〉から〈議会の一般質問〉への転換の必要性を強調している。一般質問は、地域課題を政治・行政の場に登場させる重要な意義があることは強調しすぎることはないが、「決定機関」とし

ての議会の役割ではないからだ。一般質問を重視すると「一議員対行政」といった構図になる。機関として作動させるために、一般質問の内容を議会として取り上げることを構想したい。「一議員対行政」とは対極の構図の構想である。

意義ある内容の質問がなされ答弁が不十分な場合、議会としての（議員間討議を踏まえて必要がある場合）調査を開始する。一般質問を議会の課題として取り上げる。それを踏まえて、執行機関に提言し政策実現する。これには、いくつかのバリエーションがある。これらの実践ははじまっている。

①追跡調査（一般質問で重要な内容を委員会の所管事務調査等で行い政策提言を行う）＝山梨県昭和町〔→第1章1〕、北海道芽室町〔→本章次項〕

②委員会代表質問（一般質問や議会・議員の問題意識を素材に所管事務調査を行いそれに基づき委員会代表質問を行う）＝岐阜県可児市

③一般質問の議会による豊富化（一般質問に磨きをかけるために住民の意見を素材にすることを議会として議論する）＝愛知県犬山市

④事前に一般質問を議員全員でブラッシュアップ（事前に議員全員で検討することで、「議会の質問」に昇華させる（一般質問検討会議））＝北海道別海町

執行機関への質問を「迂回」して議員に提案することで、それを議会の課題として取り上げ、それを踏まえて首長等に提言するという前章で紹介した竹下譲さんの提案は〔→第1章3〕、議会に首長等が必ず出席していることを常識とする場合、奇想天外に映るであろう。しかし、一般質問を議会の課題として取り上げる実践の延長

線上にある。これらを充実させるには議会を機関として作動させる意識の醸成と運営の変更が必要である。実践の紹介と留意点を確認しておこう〔→第２章６〕。

　なお、議会内少数派の議員が一般質問で取り上げてもなかなかで実現しないという悩みを聞くことが多い。議会として取り上げるシステムが作動していれば実現しやすい。そのシステムの制度化はむずかしいことは承知しているが、効果のある監視・政策提言を行う上でこの制度化と運営を確認することは必要である。

【一般質問（質疑）の３つのチェックポイント：選挙の際の公約を踏まえて】

　なお、本著で強調する議会としての質問（質疑）でも個々の議員の質問が輝いていなければ豊富化しない。質問のポイントを確認しておこう。

　ポイント１：正確な問題把握と課題の明示。制度や事業の現状と課題の把握である。自分で調べたことを質問で開示することから出発する（当たり前のことを聞くのは時間のムダ）。統計データ、総合計画等、地方自治法・都市計画法、当該自治体の条例・規則体系などを参考にする。先駆自治体の政策も参考にできる（課題の把握）。専門家や住民との議論は前提となる（NG：自分の感じ、人から意見では、全体ではなく一部の議論として一蹴される）。

　ポイント２：課題解決の提示（獲得目標の確認）。課題解決が具体的で「最小の経費で最大の成果」をあげることができるか、あるいは比較衡量して優先すべきか、という基準に応えられなければならない。先駆自治体の政策も参考にできる（課題と提言に活用）。専門家や住民との議論は前提となる。ポイント１の先駆自治体の

政策、専門家や住民との議論などはここでも有用である（NG：「この問題について、行政としてどう対応すべきと考えているか」では、現状を変えない答弁となってしまう）。

　ポイント３：質問と答弁の一致の確認（獲得目標の達成度の検証）。不十分な答弁は、再質問などでさらに追及する（想定問答を事前に作成（獲得目標を明示））（NG：「検討します」など答弁があっただけで満足、「ありがとうございます」と対応など）。

＊すでに指摘した栗山町議会の首長の議案提出の際の「説明義務」を念頭に、質問を考え実践する。なお、質疑の際も重要である。

【公約の検証の手法：議事録や議会だよりを超えた実質的でわかりやすい手法】

　選挙の際の公約の検証は必要である。意欲的な議員であっても、公約とその実現を「手柄」として、次期選挙で提示する議員は少なくない。質問とその答弁がどのように影響したかをエビデンスを提示しつつ検証することが必要である。それは住民への説明責任を果たすことでもある。議員・会派の質問の検証は、どうしても個々の議員や会派による。その検証の手法を充実させるとともに、検証の素材を議会全体として提供することが必要だ。

〈LM政策サイクル管理計画進捗表、重点施策管理表による本格的検証〉

　個々の議員の検証を精緻化したのは、佐野弘仁（前山梨県甲府市議会議員（現山梨県議会議員））の実践がある（第13回マニフェスト大賞・優秀マニフェスト推進賞〈議会部門〉（2018年））。

　公約（ローカル・マニフェスト（LM））を提示するが、各議員の比較が可能な政策の統一フォーマット「マニフェスト・スイッチ」（早稲田大学マニフェスト研究所）を活用している。これを議員マニフェストのPDCAサイクルを起点とする。

　そこで検証が重要となる。「LM政策サイクル管理計画進捗表、重点施策管理表」で年度別に進捗管理を実施し、議会発言のマネジメントを行っている。4年間中では、議員に最も重要な「議会発言での質問」で行う（質問だけではなく、委員会での発言も含める）。LM推進状況の途中経過を常に住民に示し、4年間の最終では、何が達成できたかLMの政策項目を示す。この管理を行うためには「管理表」が作成されている。政策課題を深掘りするとともに活動を細かに可視化し、常に住民と意見交換が出来る体制を整える。

　この検証は、〈LM—質問を含む発言—達成度（検証）〉という一連の動向をエビデンスに基づき明確にする。なお、佐野さんは全国政党会派（公明党）に属しているので、会派のLMと個人のLMを関連づけている。

　「議員がやったと言っていることには嘘が多いと言われがちでした。これには住民大衆に対し、達成度を率で示せば、どれくらいの議員の実力値があるのか？が明確になり、一番知りたいと思う『議員力』が量れる」ことでこの手法を編み出した（2019年4月）。

〈公約と一般質問との連動を明確にする『議員BOOK』作成：福生市議会〉

　一般質問の検証の素材を議会全体として提供する試みも始まっている。議事録や議会だよりはその素材となっている。それを超えて、一般質問を検証するための手法

として、『福生市議会議員BOOK』が作成された（2023年）。議員毎に、氏名・プロフィール、選挙公報（いわゆる公約を含む）とともに、16回分（定例会4回×4年任期）の「一般質問の通告内容」を記載する欄がある。これを蓄積することで、議員の関心と公約の検証の一端が理解できる。ここで「一端」なのは、成果が検証できないからである。

　一般質問をまとめた情報を発信していくことで、定例会ごとに一般質問の重要性を再確認でき、一般質問がまとまっていてわかりやすいとの住民による意見もある。

　一般質問については、HPや会議録検索システム、インターネット議会中継（生中継、録画中継）はあるが、一般質問をまとめて理解できる試みである。

〈議事録可視化システムの改善による公約の検証の可能性：取手市議会〉

　取手市議会「議事録可視化システム」は、住民が議事録を検索する以上に議員や議会の動向を知るためには有用である。住民の議会への関心の向上を支援することを目的として、会議の全体像を、全文表示の会議録よりも把握しやすくなるよう、会議発言中の文言の関係性を視覚的に把握するシステムである。

　会議内容や議員などの発言内容から頻出語や重要語をAIが分析し、色・サイズに分けて表示される。蜘蛛の巣状に表示された単語をクリックすることで関連する発言の全文を確認できる。

　会議内容の概要を簡単に知ることができる。会議の種別（定例会、臨時会、委員会、協議会、説明記録の5種類）を選択した後、知りたい会議の日付を選択すればよい。また、議員の発言を知る（○○議員はどのような発

言や議論をしたか、遡って確認）こともできる。

これらによって、議員がどのようなテーマに関心を持っているかが明確になる。今後は、選挙の際の公約（ローカル・マニフェスト）との連動の開発も視野に入っている。

【一般質問を豊富にする手法】
①政策形成サイクル（北海道芽室町）
　一般質問の中で重要な内容を委員会の所管事務調査等を踏まえて政策提言を行う手法がある。芽室町議会「政策形成サイクル」だ。これは、一般質問や質疑の後、常任委員会で協議を踏まえて追跡調査を行い議会として提言し政策実現を図るものである[13]。
　中村和宏議員の一般質問（2016年12月）を踏まえて厚生文教常任委員会において「追跡調査」を行い、政策提言をまとめ（福祉避難所のさらなる整備、周知の徹底）、委員長から保健福祉課長に手交した（17年4月）。委員会の問題意識は、次のとおりである。「災害における要配慮者の方々の避難所の課題について質問した。指定緊急避難所に避難した方の中で、不自由を感じている方については別の避難施設に移動する配慮をし、支障がないように対応したとの答弁があった。しかし、要配慮者の中には、中々指定緊急避難所に避難できなかった方々もいたのではと危惧する。福祉避難所の更なる整備、周知

13　「一般質問や質疑を議員個人の活動だけに終わらせることなく、議会全体の活動につなげていくことを目的」としている。なお、質問が政策に反映されたことも「議会だより」（174号）に掲載されている。たとえば、乳幼児医療費助成対象年齢拡充を提案した正村紀美子の質問に対して（15年6月）、「他の議員からも質問をいただいており、助成対象拡大を念頭に検証」するという町長答弁があり、その後「中学生の医療費も一部対象」となった（16年4月より）。この追跡調査システムは最近作動していない。

の徹底など福祉行政の観点からも検証していく必要性が
ある」といものである。定例会の「振り返り」(17年1月)
で協議し調査を行った。なお、一般質問は厚生文教委員
会の先進地事務調査が大きな影響を与えている。委員会
における議論から一般質問の種を見つける点にも留意し
てほしい。

②委員会代表質問（岐阜県可児市）
　一般質問や議会・議員の問題意識から所管事務調査を
行いそれに基づき委員会代表質問も開発されている（可
児市議会）。
　可児市議会は、議会基本条例の中に委員会代表質問を
挿入した（17年4月）。「常任委員会を代表する議員は、
本会議において議長の許可を得て所管事務に関する質問
をすることができる」（基本条例11②）、「常任委員会は、
その審査過程を市民との懇談会等で説明するよう努めな
ければならない」（同11③）。それを根拠に、委員会代表
質問を実施している。委員会の全会一致に基づき委員会
を代表する議員が質問を行う。随時案件が生じた際に委
員会において対応している。
　最初の委員会代表質問は、総務企画委員長と建設市民
委員長によるものである（17年第4回定例会）。総務企
画委員会代表質問の「災害時の情報発信について」では、
コミュニティFMの災害時割込み放送の開始、エリアメ
ールの開始などの成果があった。建設市民委員会代表質
問の「市内進出汚染土壌処理施設への対応」では、トラ
ックごと放射線量を計測するゲートの設置、従業員のポ
ケット線量計の携帯といった成果があった[14]。
　委員会が議員間討議を経て全会一致した事項について
の質問は、執行機関に対してきわめて強力な提案となる。

いわば「伝家の宝刀」(川上文浩議員(導入時の議長))である。

この委員会代表質問は一般質問が起点となることもある。一般質問からの委員会所管事務調査への追加、そしてそれを踏まえた委員会代表質問の流れである。委員会代表質問は、可児市内に建設される汚染土壌処理施設の着工に伴う「市民生活への影響、周辺住民及び企業への配慮等、本市の対応」を問うた(17年第4回定例会)。

この委員会代表質問は、伊藤健二議員の一般質問(16年第5回定例会、「来春着工計画の汚染土壌処理施設について」)が起点となっている。それを建設市民委員会が受けて、所管事務調査の追加事項とした。委員会では、施設関係者の参考人招致(16年12月16日)や、類似施設である名古屋リサイクルセンターへ行政視察(地元役員も同行)を行っている。それを踏まえた委員会代表質問である。

＊委員会代表質問には、原理的な批判も想定できる。委員会は、議案を提出できる。「委員会は、議会の議決すべき事件のうちその部門に属する当該普通地方公共団体の事務に関するものにつき、議会に議案を提出することができる。ただし、予算については、この限りでない」(自治法109⑥)。そうであるならば、委員会は、所管事務調査を行い、それを踏まえて、議案を提出することができる。これを活用すればよいという、提起は当然起こる。議案の中でも、議会として上程することが困難な議案もある。それについては、この委員会代表質問は有用である。また、執行に関する監視の質

14　ほかのものでは、2018年教育福祉委員会代表質問の「小中学校二学期制への移行について」では、円滑な移行の実施という成果があった。

問もある。これらの意味で、委員会代表質問を評価したい。

③市民フリースピーチ（愛知県犬山市）

　一般質問に磨きをかけるために住民の意見を素材にする議会がある。犬山市フリースピーチを活用したものである（江藤俊昭「住民自治を進化させる犬山モデルの登場」『自治日報』2018年10月28日）。一般質問を「議会の代表質問」にした。議会運営の大きな展開である。

　市民フリースピーチは、各定例会中に7名の公募市民が議場で市政に関する提案を行い、それを市民からの提案として議会審議に活かすというものである。まさに議場が開放されている。発言する市民は主権者そのものとして登場する。一方的な提案ではない。提案後に議員からの質問を受ける。その議員とのキャッチしボールによって提案はより明確になる。まさに、議場は市民と議員との討議空間となっている。そして、「傍聴席」では市民の提言の際には、拍手が響く。登壇者や議員だけではなく、傍聴者（参加する市民）も含めた討議空間となっている。

　その提案を受けた議会は全員協議会の議員間討議によって、その後の対応を議論する（全協とは性格が異なるため政策討論会等の名称が妥当だ）。その提案を委員会所管事務調査とすることや、一般質問の素材にする担当を決めることを議論する。

　たとえば、小学校4年生と母親から「学校での性別による規則を減らすとともに、制服の選択肢を増やしたい」（女性はスカートだけではなく、スラックスも可能とする）との発言があった（2019年9月2日）。議場での議員との意見交換を終え、その他の市民の意見とともに全

員協議会において討議した。そのテーマについては、厚生文教委員会において課題として取り上げるとともに、以前に関連した質問を行っていた議員が一般質問で取り上げた。「市民発言に議員も前向きな上、さながら『議会』の代表質問のよう」だった（ビアンキ　2021：184）。結果的に、生徒が提言した趣旨は、犬山市立中学校の生徒がスカート、スラックスなどを選択できるようになった。

　また、市民参加による環境基本計画改定への市民提言を踏まえた一般質問に対して、副市長は「私も知らなかったということで議員からその件について私に質問があったときは、穴があったら入りたい気持ち」という回答があり、新環境基本計画策定に舵が切られた（ビアンキ　2021：141）。

　市民が議会のシンクタンクとして位置づけられる。一般質問は、市民意見を踏まえた議会からの質問へとバージョンアップしている。市民フリースピーチを踏まえた一般質問が政策変更を実現している。一般質問の実現可能性を高めた。

【議会の質問にするための手法】

　質問・質疑を政策資源に活かすという本著の問題意識から、一般質問を委員会所管事務調査に活用（北海道芽室町の議会からの政策形成サイクル）、委員会審議（所管事務調査）を踏まえた委員会代表質問の設置（議員の意向や一般質問が起点、岐阜県可児市）、議場での住民の声を所管事務調査や一般質問に活用（愛知県犬山市の市民フリースピーチ）、といった最近の動向を紹介した。

　いままで確認してきた「一般質問を『議員の』から『議会の』へと転換させる」の補足をしたい。1つは、委員会代表質問の広がりと豊富化、そしてもう1つは、市民

フリースピーチの「もう2つの意義」の確認である。

【委員会代表質問の広がり】

　委員会代表質問は、可児市議会による「発見」後に広がっている。愛知県岩倉市議会や長野県大町市議会である。ほかにも、興味を示し、試行や導入をしている議会もある（栃木県那須町など）。

　岩倉市議会は、議会基本条例を改正して（2018年9月）、委員会代表質問が導入された。「常任委員会を代表する議員は、所管事項の政策提案を積極的に行うため、委員会代表質問を行うことができる。」というものである（条例22②）[15]。

　常任委員会の行政視察の後にそこで得た知見を基に、議員自らが一般質問を行ってきた。議会からの政策提言を積極的に行うため「行政視察→委員会代表質問→政策提言」のサイクルを創り出すことを目指した。2018年12月定例会において、総務・産業建設常任委員会、厚生・文教常任委員会から委員会代表質問が行われた。

　長野県大町市議会も委員会代表質問を導入した。議会運営委員会の行政視察において、岐阜県可児市議会へ行った際に委員会代表質問が紹介された。それを機に大町市議会は導入の検討を行い、議会基本条例、および申し合わせ先例集を改正し（2019年11月）、委員会代表質問ができることとなった（2019年12月定例会から）。議会

15　岩倉市議会基本条例では、この委員会代表質問とともに、並列で会派代表質問、一般質問が明記されている。「会派を代表する議員は、市長の所信表明及び施政方針に対して代表質問を行うことができる」（条例22①）、「議員は、議案以外の質問を行うことにより、市長等の政治姿勢をただすなど、市政発展のために積極的な提起の場として一般質問を活用し、今後の課題を明確に示さなければならない」（条例22③）。

基本条例では、「常任委員会を代表する議員は、本会議において、議長の許可を得て、所管する市の一般事務について質問することができる」となっている（大町市議会基本条例20②）。ちなみに、一般質問には、会派代表質問、個人質問のほか委員会代表質問を含めている（議会申し合わせ先例集第7章第4節第13項）[16]。

　すぐ後に紹介するように、総務産業委員会（2019年12月から）と社会文教委員会（2021年3月）が委員会代表質問を行っている。

　閉会中に委員会を開催し、内容の調整等を行っている。委員会総意で質問を行うことにより、委員間での情報の共有、意識の統一、議論の活性化が図られた。中牧盛登議長（当時）は、「議員個々ではなく、委員の相違で姿勢を問うのだから重みが増す」とその意義を明確にしている（『信濃毎日新聞』2020年6月17日付）。

【委員会代表質問の豊富化】

　委員会代表質問は「伝家の宝刀」であるがゆえに、慎重になる。そもそも、その制度があることで執行機関は日常的に議会の動向に敏感となり、その議会の意向に即した施策を実現する思考も持つために、その「宝刀」を活用するまでに至らないこともある。また、委員会代表質問がかなり豊富な材料（報告書・提言書）を提供するならば、一回で充実した重みのある委員会代表質問になる。

　同時に、連続的・体系的な委員会代表質問の実施も想

16　「会議規則で言う一般質問とは、委員会代表質問、会派代表質問、及び個人質問を言い、会派代表質問は、12月定例会において行うものとする。」となっている（議会申し合わせ先例集第7章第4節第13項）。

定できる。大町市議会の委員会代表質問は連続的に行われている。委員会代表質問の豊富化である[17]。

　委員会代表質問が採用されたことから、総務産業委員会は住民の生命・財産を守るため「災害対応」をテーマとして、委員会代表質問を連続的に行った。2019年12月定例会から2021年３月定例会（2020年12月定例会を除く）まで５回にわたっての連続的な質問である。いわば戦略的な委員会代表質問である。

　「総務産業委員会では委員会代表質問として、５回にわたり災害対応について取り上げた。『防災』については、今回で最終とする。」として、総務産業委員会代表・高橋正議員が問うている（『市議会だより　おおまち』182号（2021年５月１日号、３月定例会合））。最終回のこの質問は、これまでの委員会代表質問を受けて防災減災の新たな対策を考えているか、新年度予算の対応はどうか、防災訓練の見直しはどうか、コロナ禍での避難所のあり方、などの内容である。連続的・体系的な質問構成になっている。議会が防災について提案するまとめの意味がある。表４は、連続的・体系的な戦略的代表質問の項目である。

17　大町市議会は独特の「市民との意見交換会」（議会報告会）を制度化している。「少なくとも年１回開催」という義務付けは北海道栗山町議会基本条例以来、多くの条例で規定されるようになってきているが、市民からの要請に基づく開催を規定している。「議会は、市民から意見交換会開催の要望があったときは、これに応じるものとする」（条例13②）。議会基本条例の1つの意義である、住民が政治（この場合議会）にかかわるルートの明確化を豊富化したものとして高く評価したい。

表4　大町市における連続的・体系的な総務産業委員会代表質問

〈2019年　12月定例会〉
○大町市で想定される大きな災害を二つ上げるとすれば何か。
○防災マップ・マニュアルは、今のままで大丈夫か。改正・更新する考えはないか。また、情報伝達方法は万全か。
○想定外をなくすため調査・研究する必要はないか。
○防災教育を取り入れる考えはないか。
〈2020年　3月定例会〉
○前回質問後における防災マップ、防災情報の周知、防災教育の現状と新年度の対応は。
○防災備蓄品の配備と防災備蓄倉庫の整備は万全か。
○消防団機能別団員の現状は。
○地域防災リーダーの育成をさらに推進すべきではないか。
〈2020年　6月定例会〉
○災害発生後72時間以内に防災関係者、住民はどのように行動をすればよいか。その計画は出来ているか。
○発災後の防災機関や住民のとるべき行動を時系列（タイムライン）で作成し、被害を最小限に抑えることが必要ではないか。
○展示型防災訓練から住民主体の防災訓練に変えるべきでは
〈2020年　9月定例会〉
○災害時における関係機関、団体等の連携は。
○地域の防災活動を維持させるためには。
〈2021年　3月定例会〉
○これまでの委員会代表質問を受けて、防災・減災対策は進んでいるか。

　この結果、防災資機材等の整備や、自治会長・自主防災会長を対象に講習会開催、2回の避難所開設・運営、訓練開催などにより市民の防災・減災意識の向上に役立った。また、市役所職員を対象としたマイ・タイムライン作成研修会が2回実施されている。総務産業委員会は、所属する委員の意向から調査が始まり代表質問に至っている。

　なお、連続的・体系的な委員会代表質問の実施とともに、複数の委員会代表質問が行われているという意味でも委員会代表質問の豊富化である。

社会文教委員会は、第５回目の総務産業委員会代表質問が実施された同じ定例会で「障がい福祉ビジョンについて」（障がい福祉に係る計画の進捗及び今後の課題、障害者優先調達推進法に対する取組み）の質問が行われた。市内事業者の抱える課題や問題点などを市に提起する中で、障害者優先調達推進法などに対する取組や予算の充実に貢献したという評価である。この委員会代表質問は、委員会所管事務調査から始まっている。

【市民フリースピーチのもう２つの意義】

　議場での住民の声を所管事務調査や一般質問に活かしているのが市民フリースピーチである。意義はそれにとどまらない。「もう２つの意義」を確認しておこう。

　１つは、「市民の議会」の創出である。議会報告会や住民との意見交換会の多くは、積極的・主体的であろうとも、議場の外での開催である。市民フリースピーチは議場を市民の議会とした。陳情請願の代表者の陳述機会の設置など議場の開放は広がってきた。それを一歩進めた。

　もう１つは、新たな主権者教育の実践である。生きた主権者教育の実践、市民教育への連結である。市民フリースピーチは、通告制となっている。発言する住民は、事前に調査研究を行う。しかも、録画中継もあり、発言はその場の住民からだけではなく、後世の住民から評価される。「言いっぱなし」の発言ではない。

　ちなみに、犬山市議会では「女性議会」が開催されている。それは、多くの女性議会とは異なる。学習会から始め、ワークシートの提出、議会傍聴、議員との交流を踏まえた学習会、その後質問作成に向けて市民（いわゆる女性議会の議員）と現職議員との発言の調整、といっ

たことを踏まえた女性議会である。3カ月を費やすことになる（2017年度実績）。多くの女性議会の「言いっぱなし」とはまったく異なる。市民はさらに主体的にかかわる。これと同様に市民フリースピーチで発言する市民は、事前の周到な準備を行うことで、責任ある発言となっている。

【一般質問のブラッシュアップを議員全員で行う　一般質問検討会議】

従来の一般質問は、議会が機関として作動しない要素として捉えている。その一般質問を議会の政策資源として活用する実践を確認してきた。追跡質問などは事後的に議会の政策資源として生かす、市民フリースピーチによる一般質問の豊富化（住民の意見と議員お意見の融合による議会の質問の方向）だった。委員会代表質問は、所管事務調査など機関としての議会の委員会による質問（そこからこぼれたテーマは一般質問で取り上げることで政策の種にはなる）も政策サイクルにとって重要な新たな質問の手法である。

北海道別海町議会の「一般質問検討会議」は、事前に一般質問を議員全員でブラッシュアップしその質を高める。それだけではない。事前に議員全員で検討することで、「一議員対行政」を超え、議会の質問に昇華させる。議会基本条例に一般質問検討会議を規定することで、一過性ではなくルーティン化させ別海町のDNAを創り出している。

①検討会議前通告書（検討会議用に「要旨」）を提出（2023年から）。事務局で集約してタブレットに配布。議員はそれぞれ検討会議前に読みこみ、コメントを検討しておく。

②検討会議において、質問予定者本人から質問内容をプレゼンテーション（通告書、要旨を活用）。これを聞いてポストイットに「良い点」「改善できる点」を色分けして記入する。

③質問者以外からのアドバイスをホワイトボードに記載。質問者の提起への理解を深め、「自分だったら……」と思考する。ポストイットを見ながらさらに意見交換する。

④議会サポーターからの助言意見交換。それを踏まえてポイント等を書き留める。

こうしたプロセスで質問は輝くとともに、議員の質問から議会の質問へと転換する。効果もある。達成されないと感じれば、議会側から条例等を提出し議決すればよい（修正も含める）。事後の質問の反省会も重要であるが、事前の検討会議は、議会の質問を形成する手法として重要である。

強固な会派制のある議会では、こうした事前の検討会議は困難といわれるかもしれない。個人や会派の質問ではなく議会の質問の形成をそろそろ模索してもよい。

〈新人議員の質問力アップのための「模擬一般質問」：取手市議会〉

別海町「一般質問検討会議」は、全議員で行うために、テーマや手法を強制する可能性もあるという危惧も想定できる。ただし、議員には「発言権」（質問・質疑）がある。一般質問検討会議はブラッシュアップするためのものであり、意向に沿わない場合は他の議員に従う必要はない。発言権は保障されている。

取手市議会では、議員研修会「模擬一般質問」を開催している。より簡易ではあるが、効果はある。それは、

一般質問について新人議員の研修である。2017年改選から実施されている。

○模擬一般質問前（模擬議会前日）

・初当選議員により通告書提出

・複数期の議員で「市長役」「教育長役」「○○部長役」「傍聴席からの評価役」（傍聴者からの評価は本当の議会でではない）をくじ引きで決定

・市長役など説明員役議員は、研修一日目に提出された通告書を元に想定答弁を考える。

○模擬議会での模擬一般質問（当日）

・初当選議員により通常の本会議を実施

・評価シートをまとめて皆で共有して研修終了

　これは、議員研修の一環として実施されている。新議員には有用だと感じている。また、コメントをした議員にも成果はある。「自分たちもやってほしかった」「傍聴席から自分の見られ方を再確認できた」「市長役など務めた議員は、答弁側の気持ちがわかり、通告書の大切さを理解した」などである。

　議員研修会のカリキュラムであり、今日では慣例となっている。なお、会派での研修は行われているが、この模擬一般質問は議会としての取組である。

2．地方政府形態の理解が生み出す質問の役割の相違

【質問の存在意義】

　議会運営において質問は脚光を浴びている。質問は、議員にとっても住民にとっても議員活動の「はな」という評価もある。本著では、質問（一般質問・会派代表質問）について次のように指摘してきた。質問が重視されているがそれは将来への要望であってそれも重要であるが、

「いまそこにある」提案された議案の質疑、審議、議決がより重要なこと。もう1つは、質問は個々の議員のパフォーマンスであって（否定的な意味ではない）、機関としての議会を分断化する要因になっていること。これらを念頭に改革課題を模索してきた。

この議論では、質問を否定的消極的に理解していると感じられたかもしれない。筆者は、質問の意義を充実させることを構想している。質問には少なくとも2つの意義がある。1つは、執行機関の中に緊張関係を作り出す意義である。多様な民意が議員というチャンネルを通して政治・行政の場に持ち込まれることである。この中には、顕在化しない、あるいはできない争点（問題）を政治・行政の場に登場させる場合もある。もう1つは、公開の場で質問・答弁が行われ議事録として残されることである。検証に活用できるし、当該自治体の問題状況が理解できる。さらに、議員評価にも活用できる。

まず、前者について考えたい。後者は、広報機能との関連で本節の最後に検討する。質問は、個々の議員の分断化を促進する。そして、執行機関との緊張関係を生み出すとはいえ、「御用聞き」と揶揄される場合もある。日本の地方政府形態（強い首長権限）が、こうした質問を生み出し、「普通」として認識されてきた。制度上同じ地方政府形態であっても、その解釈と作動を変えることにより（二元的代表制）、いままでの「普通」とは異なる質問を模索する。質問を議会・議員の政策資源に活かすという「新たな普通」を強調する（表5参照）。

従来の「普通」の質問を生み出す存立基盤である二元制（構造、その作動の政治的磁場）を確認することから出発する。そして、「新たな普通」を生み出すためにそ

表5　地方政府形態と質問の位置

地方政府形態	二元制（「現行の二元代表制モデル」）＝首長の権限を強調	二元的代表制（機関競争主義）＝住民参加を踏まえた議会と首長の政策競争
質問の位置	・住民の意見（地域、テーマごと）を政治、行政の場に個別に登場させる ・〈与党－野党〉意識に基づく質問 ＊顕在化しない争点を表出する場合もある。	・住民の意見（地域、テーマごと）を政治、行政の場に個別に登場させるが機関としての議会が受け止める ・議員間討議を踏まえて機関の中に質問を位置づける（追跡質問、議会への住民参加による住民の意見を議員の質問に配置する） ＊顕在化しない争点を表出する場合もある。
課題	・議員や会派に議会を分断化、個人化 ・「与党会派」と首長との融合（癒着）	・議会からの政策サイクルの中に質問を配置（質問から質疑への力点移動） ・議員のパフォーマンスが見えにくい
改革の実践	・一問一答方式 ・対面式議場	・追跡質問、追跡調査 ・議会への住民参加による住民の意見を議員の質問に配置する ・委員会代表質問 ・連続的質問（関連質問等） ＊討論を複数回可能に ＊一般質問廃止の検討を踏まえて意義の再確認

注：本節の結論をまとめたものである。事例は、本著において説明している。

の存立基盤（二元的代表制＝機関競争主義）にあらためてスポットを当てたい。

【「現行の二元代表制モデル」と質問】

①二元制の構造の中の質問

　二元制の構造は、「現行の二元代表制モデル」（総務省「行財政改革検討会議」）である。これは単に、議員だけではなく首長も直接選挙することだけではなく、議会と首長の独特な関係を含んでいる。

　首長には、条例等の議案の提出権、予算の調製・提出

●自治を担う「フォーラム」としての議会

権、条例に匹敵する規則制定権、専決処分などの権限がある。政策条例案提出は、議員・委員会が徐々にではあるが増加している。とはいえ、圧倒的に首長である。また、予算調製権・提出権は首長の専属である。首長の権限、資源（財源、人材）を考慮し、首長の強力さをことさら強調する理解である。機関委任事務体制は、これを強化してきた。本著では、これとは異なる機関競争を強調する。

　議員・会派の要望を実現したいとすれば、首長派議員になることが近道であると理解するのは当然である。質問の「普通」の理解は、その構造に由来する。そして、それは政治的磁場によって現実化する。

②政治的磁場での質問

　マニフェスト、その実現可能性でもこの二元制の構造を作動させる政治的磁場を考慮しなければならない。首長等と議員との政治的距離（与党的、野党的と呼ばれることもある）、住民と首長等・議員との距離（住民の意向が大きく影響する場合もある（住民投票なども想定））である。

　同じように、質問（そして質疑）の場合も、この政治的磁場が大きな影響を与える。「与党だから首長に質問はできない」「首長を守るのが仕事」といった時代錯誤の発言は少なくなっているだろうが、首長派である議員とそうでない議員との質問内容、質問姿勢に相違はある。首長派議員への首長の肯定的積極的対応を想定するとよい。アンダー・ザ・テーブルといわれる首長と首会派議員との連絡会等は、これを加速化する。

　もちろん、首長派である議員・会派の質問だけが実現されているという検証は困難である。とはいえ、選挙の際の支援と引き換えに質問内容の実現を目指すことはある。

この二元制という構造、そして政治的磁場の下で、従来の「普通」の質問が行われてきた。

【住民の意見の表出のチャンネルの功罪】

議員は、選挙で選出される。後援会等を軸とした支援者の応援によって議員となっている。議員のポリシーとともに、かれらの意向が当選後の議員活動に大きく影響する。大選挙区単記非移譲式（定数がどうであれ（２人以上）有権者一人一票）という現在の選挙制度は、極論すれば今回だけではなく次回の選挙を想定して支援者の意向を尊重することになる。

二元制の構造という首長の権限を強調した構造や政治的磁場を前提にした合理的な行動は、すばやく支援者の要望を首長等に届け実現することを目指す。そのためには、首長との距離を接近させ（政治的ポリシーの類似）、首長に大きな影響を与えるために最大会派、そしてその中でもその上級ポストに就任することを目指す。

議員、そして支援者の要望を実現するために公的、私的な首長の接触が求められる。この公的な活動の重要なものが、質問（会派代表質問、一般質問）である。これは、住民の意見（地域、テーマごと）を政治、行政の場に個別に登場させる重要な役割を担う。その際、「与党」「野党」意識に基づく質問になる。

このために、行動パターンとしてそれらの要望を実現するための行動は、議員や会派に議会を分断化、個人化させることになる。「与党会派」と首長との政治的ポリシーが一致する場合、融合（癒着）、逆に対立する場合、日常的な対立を生み出す。

たしかに、融合する場合、議会は追認機関化するのでスピーディーな地域経営が行われる。監視や政策提言が

重要な議会の役割は後景に退く。そして、公開で討議するという議会の役割が軽視されるために、論点の明確化という議会の存在意義は作動しにくい。そもそも、質問のパフォーマンスは目に見えるものであり、支援者の結束を高めることになる。

　ただし、こうした作動が本当に住民の要望を実現しているかの検証は行われていない。また、財政が厳しい状況でこのような個別的要望の実現は困難になり、この状況を支援者に説明する「逆口利き」の役割を担う。まさに、議員は個別的な要望の実現から全体を視野に入れた活動に力点を移す時期が到来している。もちろん、選挙制度によって有権者も個別化されている。財政危機、人口減少、公共施設の統廃合などを視野に入れた市町村全体の議論をする議会の登場が期待されるようになった。

　「普通」の質問は、住民の意見（地域、テーマごと）を政治、行政の場に個別であっても登場させるという重要な役割を担う。個別的な要望を個別的に首長等に投げ込むために、議会を機関として作動させない議員たちの分断化、個別化を促進する。

　本著では、質問の功罪は地方政府形態の理解の誤解に由来すると理解している。地方分権改革による地域経営の自由度にともなって政治が重要になり、「住民自治の根幹」としての議会が作動するようになる。首長の権限を重視した地方政府形態の理解に代わって二元的代表制が作動するようになっている。そこでは、当然地域経営における質問の位置づけが変化する。そこで、地方政府形態の理解の変容を踏まえて質問の新たな役割を探ることにする。

【地方議会改革による質問の意味転換】

　首長権限をことさら強調する「現行の二元代表制モデル」の下では、疑似的な〈与党―野党関係〉がつくりだされる。住民の要望を踏まえた質問であるが、機関として議会がかかわらず個々の議員に委ねられている。これによって議会は分断されてきた。

　今日急展開している地方議会改革は、「現行の二元代表制モデル」の作動を大きく変化させた。二元的代表制（機関競争主義）＝住民参加を踏まえた議会と首長の政策競争が登場している。それによって質問の意味は大きく変化する。住民の意見（地域、分野ごと）を政治、行政の場に個別に登場させるという質問を機関としての議会が受け止める。

　地方分権改革、および地方財政危機は、地域経営における政治の役割を飛躍的に高めた。「住民自治の根幹」としての議会が本来の役割を発揮するのは歴史的必然といってよい。そこで、新たな議会の作動の中に質問を位置づける。

　質問は、住民の意見を政治、行政の場に個別に登場させる意義があることを強調している。そこで、首長等への質問という現行の形式（「普通の質問」）ではなく、議員に提言しそれを議会の政策資源に活かして議会として提言するという手法も想定できる。その手法の意味は理解できるが、本著では採用していない。その理由は以下のものである（以下の③④は消極的理由）。

①質問は、機関の中に収斂されない住民の意見（地域、分野ごと）を政治、行政の場に登場させる（本節で検討する非決定の打開の方途の１つ）。

②質問によって議員の問題意識、資質を住民は理解できる。

③定期的に質問が行われるために、執行機関内に緊張関
　係を創り出すとともに、議員が積極的に課題を探る習
　慣を身につける（場合もある）。
④会議規則等ですでに規定され実践されており、大幅な
　変更には大きな力がいる。

【新たな質問の開発と課題】

　二元的代表制の作動によって機関としての議会が作動
するようになった。質問が議会を分断するのではなく、
機関を強化するために活用することが必要になる。議員
間討議を踏まえて機関の中に、そして、議会からの政策
サイクルの中に質問を配置する。本著では、従来の質問
重視から質疑と質問両方の重視への転換の意義、および
機関としての議会の強化のための質問という新たな手法
を紹介してきた。確認の意味で、まとめておこう。
①追跡質問・追跡調査：個々の議員の質問であるが、き
　らりと光る質問内容を議会として調査（所管事務調査
　も含めて）し監視や提言に活かす。以下で述べる会派
　代表質問もこうしたサイクルに位置づけることもでき
　る。
②議会への住民参加による住民の意見を議会の代表とし
　て議員が質問に活用：議会への住民参加による住民の
　意見を個々の議員が質問に活用することはすでに行わ
　れている。新たな質問は、市民フリースピーチ（愛知
　県犬山市）で紹介したように、住民の提案を議員間討
　議（全員協議会）を経て関心ある（いままでもそのテ
　ーマで質問をしていた）議員にその質問を委ねる。質
　問が個々の議員のものを超えて、議会としての質問と
　なる。
③委員会代表質問：委員会所管事務調査等による調査を

踏まえて、代表者が質問を行う（可児市議会等）。

④戦略的連続的な質問・関連質問の豊富化：同じテーマに関心ある議員たち（制度化されれば議員連盟）による連続的な質問によってテーマを深堀することができる。関連質問もここに位置づけられる。〔→次節〕

⑤質問を議員全員で事前にブラッシュアップ（別海町）：議会の質問とする一手法。

このように、機関としての議会に質問を位置づける手法が開発されている。新たな議会を強化する質問手法である。ただし、今後検討しなければならない課題はある。従来の「普通の質問」では理解しやすかった〈支援者─議員〉関係、といった個人的関係は後景に退くように思われる。議員評価も困難となる。議員のパフォーマンスが見えにくくなるからである。次回の選挙でも当選を目指す議員にとっては死活問題である。とりあえず以下のように考えたい。

【議員は支援者の代表か住民全体の代表か、それとも…】

機関としての議会は、議員の活動を住民に見えにくくするように思われる。しかし、〈議員─支援者〉といった従来とは異なる〈議員─より広範な住民〉関係も創り出すことができる。

1つは、議会報告会、住民との意見交換会での議員の発言・姿勢が住民による評価に連結し、肯定的評価は新たな支持者を獲得することである。議会報告会を先導した北海道栗山町議会の橋場利勝議長（当時）は、「より多くの住民から議員を評価してもらうためにこの報告会を設置した」という。住民には、支援する議員だけではなく他の議員を知ることによって議員を相対化して評価することになる。それは次の点と重なる。

もう1つは、従来の地域、あるいは分野ごとの個別化された要望を特定の議員によって政治・行政の場に登場させるシステムが財政危機の状況では作動しにくいことである。実現できないことを、全体を視野に入れて議員は説明し、未来の自治体を創り出す議論を巻き起こす役割を果たさなければならなくなる。こうした議員活動、および説明責任を果たす議員が高く評価される。これも主権者教育と連動する。

　このように考えれば、議員は「地域・分野代表（代理）」（地域・分野要望を政治・行政の場に登場させる代理人）か、「全住民代表」か、という二分化されるものではない。議員は、前者では個別化され後者では住民から切り離される。前者があってはじめて後者の利害が表出される。それをつなぐのが議員間討議である。

　機関としての議会の作動は、議員にとって選挙の不利益にならない[18]。

【バイアスの動員の打開のための質問の意義】

　地域における重要な争点は、政治、行政の場に必ず登場するわけではない。重要な争点は、表出される場合もあればされない場合もある。重要であっても表出されないのは、バイアスの動員があるからといわれる（政治学でいう非決定）[19]。たとえば、企業城下町で重要な企業が公害問題を引き起こしてもその企業や関連会社の従業員、取引先従業員がその町に多く住んでいる場合、住民や議員がその主要企業を公害の発生源として告発し、争

18　市町村の場合、現行の大選挙区単記非移譲式という選挙制度の変更も視野に入れる必要がある。〈代理−代表〉を踏まえた新たな議員像については、江藤（2004：第5章）、参照。
19　さらに、階級構造、資本主義体制などはそもそも重要な争点として浮上しない。

点として取り上げることに躊躇することを想定するとよい。また、アメリカ合衆国の住民投票（イニシアティブやレファレンダム）では、特定利益の実現のために巨額の資金・人員が動員され、住民の声が顕在化しないこともある。

　こうした状況でも、少数の住民が声をあげ、それに応える議員がいる場合、一般質問という手段で問題を政治・行政の場に投げ入れることができる。少数派が提出する争点が常に妥当という意味ではないが、重要な争点の場合もある。重要である場合、多くの住民、議員が認識しない（合意が形成されない）場合、機関としての議会はその争点を取り上げない。機関としての議会だけを強調する議論は、この論点を軽視するようになる。「普通の質問」の問題を意識しつつも、質問の廃止を提言しない最も重要な理由である。

　ただ、継続的な質問により少数であった意見が、広がる可能性はある。そこで機関としての議会は作動する。民主主義は、少数者が多数者になる可能性のある制度だからだ。

【もう1つの意義：争点の公開と記録】

　地域経営における課題を政治、行政の場に登場させるのが質問の意義である。機関として質問を位置づけるとともに、バイアスの動員を打破する少数派議員の質問の重要性を指摘した。そこで、公開による質問、そして議事録として記録される質問・答弁の意義を確認しよう。

　一問一答方式で行われるようになってきた質問・答弁により地域課題は明確になってきた。鋭い質問は、これをより充実させる。質問は、公開の場で行われるため、住民が地域課題を理解し、時にはよりよい解決策を模索

することができる。争点の公開である。質問は、主権者教育の意味もある。

　そして、この質問・答弁は議事録として残されるために、地域経営の検証の素材になる。また、すでに指摘したバイアスの動員によって潜在化した争点を学ぶこともできる。

　議事録はHP上から検索して関心ある質問・答弁を容易に入手することができる。これは住民自治にとって重要な道具である。しかし、その関心あるテーマ以外のものを鳥瞰することは容易ではない[20]。

　そこで、議会だより（広報誌）が記録として重要になる。それを綴じていれば時系列の資料となる。どの議員がどの視点から総合計画との関連でどのテーマで取り上げているかが理解できる。

　公開の記録が前提となる質問は、地域経営の過去・現在・未来を考える上での重要な素材である。なお、今日紙媒体以外、たとえばHPで公開することは重要だ。

3．実現性ある質問

【質問の実現性】

　質問は議会を分断させる要因にもなるが、他方では地域経営にとっての重要な課題を政治行政の場に登場させる重要な意義を有している。この重要な質問を地域経営の資源に活用する手法を開発している。

　質問（質疑）の質の向上や、実効性を高めるための著書が出版されている（たとえば、川本達志『地方議員のための役所を動かす質問のしかた』学陽書房、2017年、

20　茨城県取手市議会は、「議会会議録視覚化システム」を試行導入した（2022年から）。これは、この欠陥を補い、比較もできる。本著「おわりに」を参照。

土山希美枝『質問力で高める議員力・議会力』中央文化社、2019年）。逆に、質問に対する執行機関の答弁書の書き方や答弁を充実させる、あるいは執行機関にとって問題を回避するための本もある（たとえば、林誠『イチからわかる！"議会答弁書"作成のコツ』ぎょうせい、2017年、藤川潤『これだけは知っておきたい公務員の議会対応』学陽書房、2017年）。その中には、議員の質問や答弁書の作成にあたってのチェックリスト・自己評価シートが掲載されているものもある。

そこで、質問の効果を高める手法を考えたい。質問自体に「輝き」が不可欠なこと、質問にあたって中身とともに時（time）、場所（place）、場合（occasion）を視野に入れる必要があること（質問のTPO）、そして仲間をつくりだすこと（議員、住民）、という論点から考えたい。

【輝く質問のために】

議員は、質問の作成にあたって悩みは多い。だからこそ、質問作成などの研修や本の出版が盛んにおこなわれている。もちろん、質問は議員の専売特許ではない。本著で指摘しているように、議会という場だけではなく社会では当たり前のことで、真摯な議論が行われるには質問（質疑）が不可欠である。会社、団体、学校等を想定していただきたい。どこでも、質問（質疑）は輝く（説得的＝ストーリーのある）内容でなければならない。ただし、議会における質問（質疑）が他と異なるのは、議会は条例制定、予算を決定し決算を認定する等の重要な役割を担う、「いわば『権力』機構の一翼を担う」点で「市民社会の団体とは異なる」〔→第1章2〕[21]。

どの質問であろうとも、対話・討議を想定しテーマの

深化を目指す。議員の「いい一般質問」として提示されている要素は、市民社会での質問にも活用できる（している）。「まちをよくする」ための争点提起になっているか、「問いただす」ことを通じて監視・政策提言機能を果たしているか、わかりやすい（伝わりやすい）か、課題を共有し納得にたどりつく議論を目指しているか、という要素が含まれるのが「いい質問」となる（土山2019：89)[22]。

　質問の際には勝ち取る目標が設定され、その質問にはストーリーが必要である（現状分析―課題設定―政策提言・監視―評価・検証）。単発（一回限り）ではない、連続したストーリーが必要であり、そのためには議員は想定問答をもって臨む。

　目標を勝ち取るには、熱情（熱き想い）とともに目測能力＝ストーリー作成能力が必要だ。制度、財政、類似政策、他の自治体の動向、そしていままでの議会での議論（議事録に掲載）を踏まえることは最低限のことである。このストーリーには、選挙の際のマニフェスト（総合計画を踏まえたもの）が軸となる。そのためには個人の努力とともに、図書館（室）やネットワークなどの支援が必要となる。議員がほかの住民と異なるのは（正確にはこれ自体もある程度共通すると思われるが……）、結果責任の重さを意識することである。

　すでに指摘したように、質問の意義の１つに質問とその答弁が議事録に掲載され地域経営の争点が明確になることがある。それによって答弁が計画や予算に具体化さ

21　もう１つの相違点は、質問と質疑を定義上明確に区分している点である（実際には重なることもある）。

22　なお、土山（2019：89）には、議員の「いい質問」の要素（「合意や納得」など）は、暴露型質問（執行機関の法令上問題ある事項の質問）ではかかわりがない、と加えられている。

れる、また首長（行政）の方針や方向を示すことがある（表6参照）。かみ合った質問と答弁によって、地域経営の方向がより明確になる。

表6　質問と答弁の意義

	質問（一般・代表）	質疑（議案質疑）
意味	議員が行政全般に関して、行政側に現状や見通しを問う	議員が議案に対して、疑問点を質す
答弁の意義	首長（行政）の考え方や行政運営の方針、方向性を示す	条例等解釈のよりどころとなるとともに、事業推進の方針を示す

出所：林（2017：7）（一部修正）。

議会における質問の意義をより充実させるために、論点を明確にする必要がある。そのための手法が開発され実践されている。①一括質問一括回答（再質問）から一問一答方式への変更、②対面式議場への変更、③議長による（議員、執行機関への）制止・注意による論点の明確化、といった手法である。論点を明確化するために通告制の再確認や、質問時間の片道計算への変更もこれらに加えられる。

【執行機関の政策サイクルを意識する】

議会の定例会を「年に4回の時間のムダ」という首長もいるし、議会は「乗り越えるもの」という認識の執行機関職員がいるそうだ（川本　2017：80）。そうさせないためには、質問内容の輝きとともに、「質問のTPO」を視野に入れる必要がある。

①予算編成時期を意識する：9月（8月）議会の重要性

地域経営には財政と密接にかかわるものが多い。そのためには監視であれ政策提言であれ、自治体の財政サイ

クルを意識することが重要である。8月頃から首長から
予算編成方針が出され、その後それぞれの部署から予算
要求が提出される。議員提案が担当部署に届くには9月
（8月）議会（第三回定例会）がリミットになる。同時に、
9月議会は決算議会でもある。自治体の多様な政策の検
証の中で議員の質問の問題意識が共有される最適な時期
である。実現性を高めるには、「9月議会の答弁で提案
実現に向けての言質を取る」必要がある（川本　2017：
126）。

②行政計画を意識する：中長期の視点

　首長からの「言質を取る」ためには、「それまでの
段取り・戦略を組むことが大切」である川本（2017：
126）。「いい質問」であろうと、答弁では「すぐにやる」
とはいわれない。仮に執行機関が問題を共有していても、
事実認定が不可欠であり、さまざまな行政計画に政策は
縛られているからだ。そうだとすれば、当然単発の質問
で即座に「やる」という答弁はない（裏取引を含めた事
前調整があれば別だが）。執行機関の政策サイクルを意
識した戦略的な連続的質問が有効である。
　たとえば、次のような連続的質問である。共感、事実
認定、政策（仮）、行政計画との連動、予算化、という
執行機関の政策サイクルを作動させる連続的段階的質問
である。課題として認識しない限り行政は動かない。課
題があることを共感して初めて事実認定に至る。そこで
課題として認識されてはじめて政策化に進む。共感が最
初の一歩である。そのためには、事実としてのデータと
議員だけが知っている具体的な現実（住民や地域課題）
を合わせた質問をするとよい。行政計画の変更を伴うも
のであれば数年かかって実現ということもある。「提案

に至る思考プロセスが同じ方が評価する側（この場合、議員の提案は執行部に評価されている）も、考えやすく、かつ受け入れやすい」（川本　2017：129（一部修正））。議会基本条例に規定されている「首長による政策等の形成過程の説明」義務の要素を意識することは[23]、議員が実効性ある質問を作成する際に有用である。

③財政・総合計画を意識する：全体最適の視点

　支援者のためだけの質問は、「究極の部分最適の質問」（自治体の課題の優先順位を考慮しないため）となる。これではその実現性は乏しい。議員は支援者ウケを狙っているかもしれないが、その連続では力のない議員だと支援者にはうつる。

　もちろん、支援者が提起した課題の質問が部分最適だけに終わらない場合もある。政治行政の場に登場していない争点を登場させる機会、部分最適の質問が全体最適に向かう素材となる場合があるからだ。財政状況、総合計画等の計画を踏まえつつ質問に向かう[24]。

　財政状況や総合計画を強調した執行機関の事情を理解したら質問などできないという議員もいるらしいが、議員も執行機関も「まち全体に責任を負わなければならない公職」である（川本　2017：95）。財政・総合計画を意識して全体最適を踏まえた質問が重要であり実現性に近づく。

23　たとえば、北海道栗山町議会基本条例第6条、7条を参照。政策形成の重要な要素であり、議員はこれを念頭に監視とともに質問にあたる〔→はじめに〕。
24　財政危機の時代、支援者からの要望等が財政上実現できないことを支援者に知らせる役割も議員は担う。

【共感を創り出す要素】

　質問の実効性を高めるには、内容の妥当性はもちろん質問の時期や連続性とともに、自治体職員との共感が重要である[25]。この場合の職員の共感は、裏取引による野合ではけっしてない。また、質問をしない、あるいはほとんどしない議員が「自分は他の影響力を行使して住民の要望を実現している」と野合関係（＝裏取引）を豪語することは、「公開と討議」という議会の存在意義と無縁である。そして、職員が質問を書いたり、そこまで行かないとしても質問のネタを議員に提供することによる野合でもない。本著の実効性ある質問は、議員の真剣さと職員の真剣さとのぶつかり合いによる化学反応が政策を実現することを想定している。

　それぞれの本気は、感性、判断力、責任感に基づいているが、住民を意識したそれぞれの活動によって共感が生まれることには注意していただきたい。住民の現実やその声を真摯に受け止めているから共感が生まれる。

　小川ひさし埼玉県さいたま市議会議員は、政策実現過程でその共感を体験した[26]。それは次のようなものである。重度障がい者が就労すると、国の規制によって仕事中は「重度訪問介護」を受けることができない。これでは、重度障がい者は仕事中のトイレ介助や痰の吸引などを受けることができず、就労を諦めざるをえない。就労中は、就労による恩恵を受ける企業が介護等を提供すべきという考えに基づいている。小川議員は、２名の重度障がい

25　共感には、「他者の感情や経験などを理解する能力」（エンパシー）と「誰かをかわいそうだと思う感情、誰かの問題を理解して気にかけていることを示すこと」（シンパシー）がある（両者の異同については、ブレディ（2021）、なお、後者を「同情」と訳す場合もある（平田　2021））。政策実現にあたってそのどちらも必要だ。ただし、前者を踏まえた価値判断が不可欠である。

者の現状を踏まえて、政府に改正を働きかけることを一般質問等で行政に要請した。政府が動かないと、市は全国で初めて就労中も重度障がい者に訪問介護を行う「重度障害就労支援制度」を創設した。小川議員による市の独自事業の要請が要因の1つであった。この政策実現過程を通じて、議員と職員の本気度が試され、共感が生まれた。

〈本気度が育む共感〉

　小川議員は、このテーマを追求する過程で、職員の本気度を感じたという。まさに共感である。すぐ後に指摘するが、このテーマについての後追い質問が行われた際に、「国に働きかける」という答弁がなされた。これでは、「後退」と小川議員にはうつった。このテーマを議員がはじめて本会議で質問（2018年2月13日）した際の答弁では「やや前向きな答弁」と認識していたからだ。議場外で担当者にその感想を述べると、担当者は「後退ではない。これは国の制度なので、まずは国に制度改正を働きかける。それでも改正されないと、その次に市の単独事業の検討に入るのが筋」と反論された。その発言や姿勢に職員の本気度を議員は感じた。

　その後、市は内閣府への要望、九都県市（首都圏サミット）を通じた要望などを行ったが改正されてはいない。とはいえ、その間の職員の努力は「さらに思いのこもった本気度」が感じられたという。こうした動向を踏まえ

26　第15回マニフェスト大賞優秀政策提言賞を受賞している（第9回マニフェスト大賞特別賞受賞（漫才市政報告））。西川きよしさんに弟子入りし4年6カ月間の内弟子修業、その後「西川ひさし」として吉本興行「うめだ花月」で22歳の初舞台を踏んだ。西川きよしさんが国会議員になると、漫才師から国会議員秘書、そして市議会議員という「異色の経歴」を有している。

て、市長は単独事業への舵を切った（2018年12月3日、本会議での市長答弁）。

「この職員との関係は議員活動の積み重ねの中からうまれてくるもの」だという。「議員と職員のお互いの本気度を感じ合えるか」が、実効性ある質問の要諦である[27]。

〈住民の声を意識する〉

　こうした共感が生じるのは、それぞれの資質によるところもあるが、より重要なことは、議員も職員も住民の声に機敏に反応する姿勢があったからだ。さいたま市（中央区）においては、旧国立病院の療養介護病棟を退院して自立生活を送る若者たちがいる。その若者たちは、自立生活を送るために必要な行政サービスの改善や創設を積極的に自治体（議会・議員や首長・執行機関）に要望してきた。それにより、議員と職員が地域課題を共有する環境にあったからこそ共感が生まれている。この関係は、現場、たとえば住民が身近にいる区役所での方が本庁よりも生まれやすい。

　緊張関係を持った「共感」の形成である。扇に例えれば、住民を要に議員と職員が本気になり、共感し協働する。

〈議員の共感〉

　すでに指摘したように、小川議員がこのテーマを質問した後に、他の議員も質問をしている。「後追い質問」である。テーマへの関心が広がった。先ほどの扇の例を引き合いに出せば、住民を要に、職員と議員とともに、

27　小川議員は「長年の経験の中でもそれ程多くはない」と付け加えている。こうした関係が一般化することが、「野合」関係を打破することにつながる。

他の議員もその扇に加わった。職員が住民を起点に動けるのは、同僚職員も賛同し首長が積極的に応えることを考慮すれば、住民を要に、議員間、職員間、議員と職員間の協働関係が生まれている。

　議員にも職員にも、住民の声をすくい上げる「感性、判断力、責任感」が必要だ。これによる共感が政策を動かす。

【議員間の共感を踏まえた戦略的質問手法：関連質問・重複質問調整制度】

　質問の実効性を高めるためには、戦略的質問が必要である。議員間の共感を踏まえた戦略的な質問手法の開発と実践である。

　委員会代表質問は、一人ではなく委員会に属している委員の総意とした重い（政策影響力の高い）質問である。また、会派を超えた（超会派の）勉強会からは提言も行われるが、そこからこぼれた論点について質問することも議員による共感が生まれる可能性は高く、これも重い質問である。

　また、関連質問も戦略的な質問手法の1つである。「当該発言者が終わった後、最小限度の範囲で、原則として1回に限り認める」（大阪府吹田市先例集217）。「できる限り通告とする」が、通告しない場合「事前に議会運営委員長もしくは事務局職員に連絡する（当該発言者の発言が終了する前に職員に合図して関連質問の意思を示す——引用者注）」（同218，219）（土山　2019：98-99）[28]。集中的に深掘りができるし、議員間協力により戦略的な質問ができる。

28　質問だけではなく質疑にも活用できる（土山　2019：98）。

そして、一般質問の重複質問の議員間調整も開発され
ている。神奈川県茅ヶ崎市議会で実践されている重複質
問の議員間による調整である[29]。これを調整して複数の
議員が複眼的視点から質問すれば問題点をより明確にで
きる（表7参照）。

　たとえば、風水害に関する質問が重複した場合、A議
員は避難所について、B議員はハザードマップというよ
うにそれぞれの質問を調整できる。これにより質問の切
り口を変えれば、より深い質問と答弁が可能となる。

　これをスムーズに運用するには、「仮通告制」を導入
することが必要である。質問調整が通告提出の直前だと

表7　重複質問の調整の手順（茅ヶ崎市議会）

【仮通告受付】
・「大項目」及び「中項目」は必ず記載する。
・「要旨」は任意で記入することができる。
【仮通告一覧表をメール等で送付：仮通告書の内容確認・重複の調整】
・議員間で質問内容に重複があるかを確認し、重複調整を行う。
・質問を制限するものではなく、より重層的な質問となるよう、向上を図る。
・重複調整の結果、仮通告した項目を取り消すことができる。
【本通告書の受け付け開始】
・他の議員と仮通告書で重複する質問事項があった場合は、重複部分の調整を行ってから提出する。
・本通告締切りまでの間に特段の状況の変化等があった場合には質問事項の追加等を行うことができる。ただし、他の質問議員の仮通告書の質問事項と重複する事項については、追加することができない。
・本通告書の提出順に好きな発言順を選ぶことができる。

注：茅ヶ崎市議会事務局資料より抜粋。下線は資料による

29　本文は、全国地方議会サミット（2021年7月7－8日）における
　　臼井明子議会事務局次長補佐による「市民利益を最優先とした議
　　会改革における職員の参画」の報告、資料、およびその後のヒア
　　リングに基づいている。そこでも指摘されているが、一般質問は
　　個々の議員の「権能」であるとはいえ、重複質問は貴重な時間を
　　無駄にする。それを具体化するのが重複質問の調整である。

調整後に同様のテーマで質問する議員が現れた際に再調整が必要になるからだ。そこで、質問の項目だけを記載したものを「仮通告」として提出し、「柔らかい段階で調整を図り」、「方向性ができた段階で、具体的な『本通告』を提出する」。

茅ヶ崎市議会は、仮通告制を4度実施している（2020年9月時点）。そのヒントは、和歌山県橋本市議会の実践によっている。

なお、この重複質問の調整は、議会事務局提案で議長が議会運営委員会に諮って実現した。その際、コストについても議論された。本会議にかかるコスト、つまり会議録作成費用、ライブ中継や映像配信費用、出席する執行機関の人件費も含めて試算すると、1時間あたり約19万円となる。これは市役所で開催されるどの会議よりも高い。このコストをかけて、同じ内容の質問をするのでは市民も納得しない、という問題意識があったという。

実効性を高める質問には、職員との共感、議員との共感とそれを充実させる制度が不可欠である。

4．討議を巻き起こす通告制

【通告制を取り上げる意味】

討議を巻き起こす質問・質疑の手法を検討している。通告制の現状と課題を探りたい。「言論の府」としての議会という原理から丁々発止が想定できるが、地域経営の決定を担う議会からすれば、そこでの言論・言説に誤りはみとめられない（正確には誤らないように運営する）。そこで、すでに紹介したように「学芸会（朗読会）」（片山善博さん）という批判が登場する。事前に質問・質疑と答弁のすり合わせが行われているからだ。それには議員の通告が前提となる。あいまいな答弁にならないよう

に質問の論点を事前に執行機関は把握する。それが通告制度を生み出した。通告の際の論点に即して答弁案が練られる。

　この〈通告―答弁案作成〉の構造は、議会運営を「儀式（セレモニー）」にする（茶番とうつる場合がある）。しかし、これがない場合には、議会における答弁（議員と首長等との討議）は充実しない。本著では、「儀式」への可能性を含んでいようとも、通告制は否定しない。通告がないと、答弁では「保留」が多くなる。それを超えて、通告によって討議を巻き起こす手法を考えたい。この討議には注意していただきたい。議員間だけではなく、議員と執行機関（本著で強調する機関である議会を構成する議員と執行機関）も含めている。さらに、それらだけではなく住民もかかわる討議空間を想定している。この視点から、〈通告―答弁〉の構造を活用したい。結論を先取りすれば、「言論の府」としての議会を前提としつつ、次の論点を提出する。

A．通告は、全文ではなく項目の通告でよい。朗読会ではない。状況によって論点は拡大・縮小する。通告書には、当該自治体の総合計画の関連「章・節・項」（それの頁）を明示する（総合計画事項ではない場合はその旨明記、暴露質問はその限りではない）。質問を通じて総合計画を軸とした地域経営を恒常化する。

B．通告を議員全体のものとする。同時に住民にも周知する。住民が質問内容に関心を持ち傍聴促進の契機にもなる。

C．答弁案作成にあたって、執行機関主導（質問を執行機関が書く、質問内容・論点を議員に提示、質問の取り下げ・論点の修正依頼）はもってのほかだ。質

問取り、確認は行政職員に多大な労力を負担させる。合理的な関係構築を模索する。通告を提出した議員と担当との関係である。逆に、通告を提出した議員は担当課にヒヤリングにいくことは、質問を豊富化するために必要である（通告前がベター）。

D. 答弁案を答弁前に議員に通知する（Eの項目（それらを公開）と連動しなければならない）。本著ではこれを是として議論を進める。通告だけでは執行機関優位になるという単純な理由ではない。それでは論点の明確化という通告制の趣旨に応えられない。再質問の論点を明確にすることができるからである。これだけだと、住民には「儀式」にうつる。「儀式」を避けるために、答弁案を議員に提出しない議会もあるし、その制度があっても受け取らない議員もいることは承知している。1つの見識である。そこで次の項目のようにしたい。

E. 答弁案もあわせて住民に公開する。議員と執行機関だけの情報共有では、「儀式」になる可能性はある。すでに、〈通告―答弁〉構造が存在する。そこで、通告だけではなく答弁案を住民に公開したい。論点の明確化や再質問の際の素材を超えた次の意味がある。住民が関心を持つテーマの場合、傍聴する可能性を高める。それだけではない、住民がそれぞれの内容に対して意見を提示することで、事前に論点の豊富化が可能となる。

　〈通告―答弁〉構造は、「儀式」化の推進にもなる。したがって、本著で提起する論点についての批判は想定している。一方で、現実に存在している〈通告―答弁〉構造を踏まえて、一巡した後から論点を明確にしたうえでの「言論の府」（討議空間）、しかも住民もかかわる討

議空間とする可能性を高めることもできる。議論の幅が狭まり、論点が明確になる。筆者が提起している協働型議会の実現ための１つの手法である。

　この視点からそれぞれの論点を提示したい。その前にまず通告制の基礎を確認しておこう。通告制の現状を踏まえて、論点A〜Eについて検討する（それぞれ論点Aというように記す）。

【通告制の現状】

　通告制を議会の活性化につなげることを考えている。この通告制は、発言通告制である[30]。「あらかじめ発言通告書を提出しなければならない」（三議長会の標準議会規則）。質問・質疑について採用している場合、発言の要旨、答弁を求める者を記載する[31]。討論・一身上の弁明では発言の要旨を、そして討論では反対、賛成の別を記載する。通告に記載する項目（通告用紙）がまず論点に浮上する。

　また、発言通告書を具体的に記載することになっているが、「質問・質疑の場合、執行機関等から具体的な答弁を得るためである」。通告による論点の提示がないと、曖昧な答弁になる。他方、仮に発言通告書があっても、記載が曖昧だと、執行機関を困らせることになる。そのために、執行機関は詳細な論点を知りたく、通告制があっても、より具体的な内容をさらに知ろうと「裏方ともいうべき職員が努力している」。

　ただし、発言通告書を具体的に書けば、「執行機関が

30　通告制の基礎の理解にあたって、断らない限り、野村・鵜沼（2013b）を活用している（とくに240頁以下）。

31　「答弁者の決定は最終的には執行機関」が行う（全国市議会議長会　2007：80）。

詳細に答弁するので、議員より執行機関の方が一枚上手である印象を傍聴人に与える」。これを理由に、議員の中には「故意に具体的に書かない」こともある。

　これを避けるために、「質問開始前、議会事務局が当日の発言通告書の写しを傍聴人に配布し、質問事項はあらかじめ執行機関に知らせていることを説明しておけば、質問後直ちに執行機関が答弁できる仕組みを傍聴人は知ることができ、執行機関が議員より一枚上手であるかのような印象を与えない」。ここでは、「質問取り」等の議員と行政職員との駆け引きや、住民への公開に関する論点が浮上する。

　なお、発言通告外の事項を取り上げる爆弾質問もないわけではない。その場合、執行機関は保留することになり、「議員が優れているような印象を与える」こともある。「質問議員にとっては心地よく思えるかも知れないが」、住民にとっては「一刻も早く答弁を聞きたい」。「議員が住民代表なら重要事項を詳細に通告」する必要がある（野村・鵜沼　2013b：241）。

　これらの基礎知識を踏まえて、通告による討議の充実の手法を考える。

【論点を明確化するための通告書（論点A）】

　論点を明確化するための通告書という論点Aを検討しよう。発言通告書には、質問方式（一括質問・一問一答）のほか、質問事項、質問要旨、答弁を求める者を記載することになっている（驚くことに、答弁を求める者を記載しない場合もある）。「答弁を求める者」には、首長、教育長、農業委員会会長、選挙管理委員会委員長、代表監査委員、地方公平委員長のいずれか（複数可）を記入する。記号式もある。通告書には、質問項目欄が区分さ

れていなくとも、「通告書の要旨を具体的な質問内容として記載する。題名（大項目）、要旨（中項目）、及び第三者または他の議員が見て分かるような質問事項（小項目）まで記載する」ことが必要だろう（たとえば、会津若松市議会など）。

また、発言通告書に発言の種別のほかに、発言内容として質問方式（一括質問、分割質問、一問一答）、そして内容である発言項目・細目・質問内容（詳細内容）といった欄がありそこに記載するものもある（大津市議会など）。ようするに、質問内容に関して大項目、中項目、小項目が設定されて論点が明確になる。小項目が実際の論点になることから、小項目として「第三者または他の議員が見て分かるような質問事項」が不可欠だ。

なお、質問内容は自治体の行政全般が可能である。逆に言えば、自治体には関係ないことはできないが、自治体に権限がない事項の取り扱いは問題になる。産業廃棄物処分場建設、場外舟券売場建設などの市町村に認可権がない場合でも、住民に大きな影響を与える事項は議会として対応するために、意見書等を決議する際と同様、質問の対象に加えるべきである。

さて、本著は総合計画を地域経営の軸として活用することを提唱している。そのためには、質問の際にはもちろん通告書にも記載したい。その恒常化によって、議員、執行機関、そして住民が総合計画を地域経営の軸であることを再確認しそのように実施するようになる。

【質問のテーマの公開：議論を巻き起こす（論点B）】

通告文書を議員全体のものとするのはもちろん、住民にも周知する。住民が質問内容に関心を持ち傍聴促進の契機にもなるからだ（論点B）。

　通告書は、招集前（開議前）にHPに掲載するように
なってきている。北海道栗山町議会では、議会運営委員
会で決定後、HPに通告全文を掲載するほか、議員名と
予定の質問項目（テーマ）をポスターにして町内各所に
掲示している。庁舎、栗山駅、温泉施設（温泉分析表よ
りも大きい）など住民に身近な場所の20カ所が含まれる。
議員が手分けをしてポスターを掲示する。また、北海道
芽室町議会はコミュニティバス内に議員名と通告したテ
ーマを掲示するほか、公立図書館には質問テーマ・議員
名・写真の掲示とともに、その関連図書が陳列されてい
る。関心ある住民が手に取って学習できる（2016年よ
り）[32]。議会に関心を持ってもらうことを目的とし傍聴者
の増大につながる。

　通告文書の公開については、議員（会派）の自主性の
強調からそのまま掲載する議会もあれば、自主性を尊重
しつつも重複質問の調整後に行う場合もある。本著では、
神奈川県茅ヶ崎市議会などの自主性を尊重した重複質問
調整制度を紹介した。ただし、議会運営委員会などでの
大会派による質問の権利の侵害も想定できる。これには
十分注意しつつ調整する制度を導入することが必要だ。
あくまで、議員の自律性・独自性を前提としつつ、議会
を機関として作動させるためのものである[33]。

　一般質問にかかわる情報交換会（重複質問調整制度）
を開催している議会がある。機関として作動するために

32　議会事務職職員が議会運営委員会で提案して実現された。
33　通告に対して、以下の観点から議会運営委員会から依頼すること
　　もある（たとえば会津若松市議会）。議員間での質問内容の重複
　　はないか、市の一般事務の対象・範囲からの逸脱はないか、提出
　　された議案（条例・予算）に関連する内容か、質問事項の具体的
　　に記載されているか、数字・認識・現状・課題だけを問うていな
　　いか、といった論点での再考の依頼である。

導入している。「議会基本条例の基本方向を踏まえ、合議体である議会が政策面でまとまって執行機関に対峙していくため、議員の発言に対する権利保障を前提としながら、個々の議員間の一般質問の重複に関して、事前に会派間の情報交換を行う目的で開催する。」（傍点引用者注、福島県会津若松市議会「議会運営委員会確認 一般質問に係る情報交換について」2015年10月20日）。

　情報交換会では、重複が想定される質問項目の協議・調整を行う。情報交換会を行った後、さらに協議・調整が必要な場合は、別途、調整会を開催し、重複の想定がされる議員間で情報を交換することにもなっている。なお、情報交換会では、このほか会派間での一般質問の大項目や中項目について情報を交換することも行われている。調整が必要なので情報交換会は、一般質問の通告締め切り日の概ね3週間前に開催される。

　議員の自主性・独自性が前提となる調整制度などで、重複する場合もある。その場合でも、答弁が重なることもある。議事録に掲載するためである。ただ、議員にとっては重大でも、住民から見れば非効率である。会津若松市議会は「同じ内容あるいは同一趣旨と思われる場合の当局答弁は、『さきに○○議員に答弁したとおりです。』ということにするよう、当局に要請する。」ことも行われている。

【行政との質問調整の範囲（論点C）】

　行政との質問調整の範囲という論点Cの検討に移ろう。通告制は、答弁を正確に行うために採用されている。質問を行政が書いたり、行政が質問のテーマを提供したりすれば、議員と行政とで調整する必要はほとんどない。議員が地域課題に真摯に取り組むからこそ、質問内容を

正確に把握する必要性が行政側にはある。

　議員と行政の調整は、質問に対する答弁を明確にするために必要だ。ただし、この調整が度を超すと議会にとって問題を生じさせる。この「度を超す」ことによる問題を確認しておこう。その１つに、綿密な調整は論点を明確にできる一方で質問と答弁を儀式化する。綿密になればなるほど、言論の府からの逸脱を加速化させる。

　より問題なのは、調整により質問の取り下げが行われることである。行政とすれば、未確認（国の施策にもとづく政策）、未決定事項（検討中の政策）については答弁したくない。取り下げの要請をする場合もある。その要請に応えるかどうかは議員の判断に基づく。ただし、質問は常に住民目線で行う必要がある。職員による議員への「質問やめて」という事前要求に議員が応じる事例もある。

　ある東京都議会議員は、行政が若者向けに設置した若者向けワクチン接種会場でのオンライン抽選のシステム構築費用について質問を予定していたが、その質問を取り下げた。担当部長は、「事実関係を認めた上で『費用は暫定値だったためにひかえるようにお願いし、都議には了承してもらった』」（『朝日新聞』2021年９月９日、なおこの記事の中には「都側が事前に質問をひかえるように要請することはある」という指摘もある）。当時、マスコミ報道もあり住民の関心事であった。暫定値であればそれを断った上で答弁すればよい。財政を含めて政策を検証することは議員の役目である。質問の取り下げはすべきではないとはいわないが、住民目線を常に意識することが議員も行政にも不可欠だ。

　具体的な記載の必要性とともに、「通告した場合は、執行機関からの細部聴取を実施するものとする。」（会津

若松市議会）という申し合わせで明確にして透明性を制度化する必要はある。

　このような質問取りのルール化を一歩進めたい。質問取りは、答弁での論点を明確化するために行政が行うものである。そこで、透明性をさらに進めるために、質問取りの内容（論点）を議会運営員会等に行政側が文書で報告することを義務づけることである。行政職員は質問取りにあたってすでに文書を作成している。それの要旨を提出すればほとんど負担にはならない。行政が何を聞きたいかが明確になるとともに、度が過ぎた取り下げ要請も削減される。

【調整の効率化（論点C（続））】

　質問取りは、行政職員の負担を増加させる。そこで、その軽減を目指す議会もある[34]。発言通告書提出後、議員と連絡がつきにくいことがある。質問日直前になっての連絡だと非常にタイトな時間で作業をせざるを得なくなり、通常業務と併せて行政職員には大きな負担となる。

　そこで、西宮市議会では、発言通告締切後、速やかに質問内容等の確認を開始することを義務付け、当局に対して携帯電話番号を開示し、連絡があった場合、折り返し連絡することをルール化している。申し合わせに基づいて試行運用が行われている（2021年より）[35]。

　行政側は、この取組に対して職員アンケートを実施した。質問の趣旨や質問対象の部署が明確になったことで答弁作成に要する時間が大幅に効率化された、調整・答

34　主導した西宮市議会議員のブログ参照、2021年2月4日付、4月9日付、しぶや祐介の活動日記（https://blog.goo.ne.jp/shibuya1973）。しぶや議員には、メールでの問い合わせに応じていただいた。

弁作成に必要な時間が確保しやすくなった等、「高く評価」する声が多かった。

　これは行政職員の事務量の効率化である。すでに指摘したルール化の意味もある。他方で、議員の負担軽減を目指した取り組みもある。質問調整をオンラインで行った議員の試みである。横浜市会議員の草間剛さんは、自宅でノートパソコンに向き合い「質問調整」を行った（正確には予算特別委員会での質疑）。オンラインによる質問調整である。「途中で自宅ならではの冗談も交えつつ議論を重ねた。当初の予定より短時間で終わった」、「対面よりも効率的にできた」という。感染防止と双方の働き方改革推進のため、草間議員は今後もこの形式を続ける意向だ[36]。

【答弁案の議員や住民への提供を考える（論点DとE）】

　答弁案の議員や住民への提供という論点DとEを検討しよう。本著では、〈質問―答弁〉という議会運営を喚起する契機、つまり政策資源に活かすことを意図している。そこで、答弁案を事前に質問予定議員とともに、議

35　「代表質問及び一般質問の質問者と当局の間で行う質問内容等の確認については、当局の要望に応じて面談等の機会を十分に確保すること。質問者は、発言通告締切後、速やかに当局と質問内容等の確認のための面談等日時の調整を行い、通告締切日当日又は翌日には、質問内容等の確認を開始するものとする。質問者の連絡用電話番号については、議会事務局を通じて当局へ開示し、質問者は通告締切後、当局職員と常時連絡をとれる状態にするものとする。なお、当局からの電話連絡に直ちに応えることができなかった場合は、質問者から折り返しの連絡を入れるものとする」（西宮市議会申し合わせ）。

36　「試行錯誤するコロナ下の地方議員たち『質問調整』もオンライン」（『毎日新聞』2021年2月22日付）。「国会では、自民党が官僚からのレクチャーをリモートで受けるよう議員に求め、国民民主党は対面形式の質問取りを原則禁止している」（同記事）。11月8日に筆者は草間議員にヒアリングを行った。

員全員に配布すること、そしてそれを住民にも公開することを提案する（論点DとE）。

　もちろん、課題はある。ぎりぎりまで答弁書を作成する行政職員には負担を強いることになる。すでに指摘した、質問書提出の締め切り日の調整や質問取りへの効率化などはその負担軽減になる。より大きな危惧は、〈質問―答弁〉を儀式化させ議員と行政職員双方に緊張感を欠如させる可能性がある。それは、住民には出来レース、「取引」とみなされる。

　しかし、質問や答弁案の公開は住民自治を進めるためには必要だ。質問予定議員が答弁案を事前入手することで再質問を充実させること（議員への提供）、質問予定議員以外の議員が入手することで〈質問―答弁〉を議会全体のものとして議員それぞれが意識すること（議員全員への提供）、そして住民が争点への関心をより高め、質問の論点に対して事前に提言をする機会を提供することも可能とする（住民への提供）、といった効果を想定しているからである（次の項Dで検討する）。

【議員に答弁案を提供する意義（論点D）】

　論点Dである議員と住民への情報提供について検討しよう。

ａ．答弁案を議員に提供する必要性

　議員が通告書を作成し行政側に提供するのは、答弁において論点がかみ合うようにするためである。答弁案は実際の答弁が行われる以前に作成される。その答弁案が議員に事前に配布されるべきかという論点が浮上している。

　答弁案が議員に配布されていない議会の方が多いと思われるが、実際に答弁案が質問予定議員に事前に提供さ

れていないわけではない。たとえば答弁案は、北海道栗山町議会では、議員が質問をする当日朝、質問議員と議長に、同芽室町議会では、質問予定議員が質問する当日朝、質問議員に配布されている。また、ある議会ではルールが明確なわけではなく、行政職員が紙媒体で議員に持ってくることもある。その場合、受け取る議員もいれば、受け取らない議員もいる（人口約30万人の自治体）。

　すでに指摘しているように、みずからの質問に対する答弁案がわかれば、再質問時により深い論点を提示することができる。討議は、質問による提起とそれに対する答弁が出発点となり、それが展開されることで言論空間＝論点空間（論点の焦点化）が創出される。質問という点と答弁という点によって、線や面が形成され論点空間が広がる。答弁の方向が不明確だとその答弁を踏まえた言論空間の方向をその場で構築しなければならない。答弁案の事前の入手は、その論点を闘わせる方向を事前に察知しその方向での論戦を豊富化することができる。一定の方向が明確になった上での再質問であり、ここからが本番の討議空間となる。仮に、答弁での論点がずれかみ合わない場合、その論点を修正することも事前にできる。

　議員は質問内容を通告し、それに沿った答弁を口頭で受け、再質問はその場で判断して行わなければならない一般に行われる状況では、「議論の活発化や公正な方法であるかとの観点で考えたとき議員にとっては、不利なルールとなっている」。そこで答弁案を事前に配布した議会がある。その場合でも「質問のやりとりに緊張感を欠き、セレモニー化しているとの批判を受けないよう最善の方法を検討する。」ということも忘れてはいない（北海道白老町議会『開かれた議会・信頼される議会』2020年2月）[37]。

b．議員全員に配布の必要性

　本著は、討議を巻き起こす通告制について検討している。それを充実させるためには答弁案を議員に提供することを提案する。その議員とは質問予定議員だけではなく、すべての議員にもである（論点D）。発言通告は住民に公開されていることは、当然議員にも提供されている。議員は他の議員の関心を知ることができる。また、それぞれの議員の〈質問―答弁〉を知ることで、分断化されている議会運営を機関として作動させる契機になる。ただし、議員への答弁案の提供だけだと、調整＝裏取引になる。そこで、すぐ後に指摘する〈通告―答弁案〉の公開という論点Eを前提として議論を進める。

　「討議を巻き起こす通告制」という本著のこの節のタイトルは、質問の事後だけではなく、事前にも「討議を巻き起こす」ことを想定している。すでに指摘している市民フリースピーチ制度において、住民からの提案をすでに関連している質問をしていた議員がそのテーマで質問をすることは、事前に質問を議会の討議空間の素材とする手法だ。

　質問と答弁案を事前に作成し配布されれば、議会運営の第一級の位置を占める質問と答弁を儀式化させることにもなる。言論の府からますます遠ざかると感じる議員は多い。本著では、質問・答弁を討議喚起の契機とすることを意図している。そこで、その答弁案を質問予定議員だけではなく、議員全員への配布を提案している。

　〈質問―答弁〉だけを重視する議会運営は、機関としての議会を分断化する要因となっていることは常に指摘している。その是正のために追跡質問等の手法を提案し

37　当日、質問予定議員にのみ配布している。「最善の方法」には再質問の充実強化を念頭においている。

ている。答弁案を事前に議員全員に配布（さらにそれを踏まえて意見交換をする）することは、機関としての議会を議員に意識させる契機の1つになる。質問者以外の議員による関連質問を充実させることにもなる（通告の日程等の整備は必要）。

　議員全員への答弁案配布を行っている議会はある。沖縄県町村議会では、30町村中11議会が事前に配布しているが、そのうち6議会（希望議員への配布を入れると7議会）は議員全員に配布している[38]。

　なお、本著で紹介した一般質問に係る情報交換会（福島県会津若松市議会）や重複質問調整制度（神奈川県茅ヶ崎市）の目的をさらに拡充し、事前に予定質問の意見交換会を設置し、それに答弁案も含めたものにすれば、機関としての議会の充実に貢献する。

【通告書項目だけではなく答弁案の公開の意義（論点E）】

　住民への通告書の公開は、住民が質問に興味を持ち、傍聴者の増加にも役立つからである。答弁案の住民への公開を提案するのは、水面下で行われている議会運営を表に出すことで不信感を払しょくさせる。もう1つは、通告だけではなく答弁案を読んだ住民によって議員や行政に提言する可能性を高める。そしてもう1つは、通告書の公開の際の意義である住民が関心を持ち傍聴に出かける（あるいは中継を視聴する）契機をさらに拡大する。

38　東村、伊江村、伊平屋村、読谷村、北中城村、久米島町（希望議員への配布は与那原町）である（沖縄県町村議会議長会「各町村議会における議会活性化方策等に関する調査結果」（2017（平成29）年4月14日現在））。都道府県町村議会議長会の中には、通告制（採用、完全・要旨等）、答弁書（配布範囲、配布時期）、傍聴者への資料配布などを調査しているところもある（例えば、岩手県町村議会議長会）。

すでに住民に公開している議会もある。沖縄県北中城村議会や久米島町議会は全議員とともに傍聴者にも配布している[39]。

沖縄県久米島町議会は、事前に入手した答弁案を通告テーマとともにHPによって公開している。たとえば、2021年第8回定例会一般質問では、「通告一覧表」（質問日程は9月6日から8日）の後に、「一般質問回答書」が添付されている。質問者（13人（定数14人））、質問事項、要旨、答弁者、答弁内容、担当課が記載されている（https://www.town.kumejima.okinawa.jp/docs/2017072600166/file_contents/R.pdf）。答弁内容も詳細である。質問予定者だけではなく、他の議員、そして住民も質問内容、答弁案が取得し理解できる[40]。

この公開は、2021年9月議会をもって終焉する。極めて残念だ。行政からは、答弁案からの変更の可能性がある、日程が厳しいなどの理由によるものであろうが、再質問が厳しくなる（正確には充実する）ということもその理由であろう。

再考を促すとともに、他の議会が公開の意義を再確認してぜひ実践していただきたい。住民を巻き込んだ議会における討議空間を充実させるためである。

39　北中城村議会では、答弁案は質問予定議員には2日前、全議員・傍聴者には当日配布されている。約10年前に読谷村に視察に行った際に学んだ。

40　答弁案は議会に約一週間前に提供され、議会運営委員会の確認後一般質問項目とともにHPに掲載している。通告書を行政に提供するのは、2週間前になっている。住民に関心を持ってもらい傍聴者を増やすことが狙いだ。3年ほど前から実施している。それ以前は全議員に答弁案を配布していたが傍聴者にはしていなかった。12月議会からは全議員に配布するものの傍聴者には配布しないことが「申し合わせ」となっている。

5．文書質問の発見と課題

【広がる文書質問】

　文書質問の制度化は急速に広がっている。質問主意書という名称を用いている議会もある。また、会期中に限る場合もあれば閉会中も可能な場合もある（通年議会の場合、たとえば定例会議・定例月会中、休会中）。質問を文書で行うことでは共通である。

　文書質問は、管見の限りでは北海道福島町議会で発見された。文書質問を規定した条文では「議員は、通年議会の制度を活用し、休会中においても主体的・機動的な議員活動に資するため、議長を経由して町長等に対し文書質問をすることができる。」（議会基本条例12①）ことになった。通年議会を積極的に活用するために、「次の会議を待つことなく議長を経由して文書で質問し、回答を受ける」（基本条例《解説》）。議会基本条例の下にある会議条例では、議長が受理し執行機関等に送付、執行機関等はそれを受けてから10日以内に答弁書を議長に提出、議長は答弁書を提出議員に送付といった手続きが定められている。

　文書質問は、休会中（通年議会）に活用することが原則になっている。通年議会で会期を一年として、休会中に文書質問を可能としている（国会の質問主意書が会期中に限定されていることを参照して通年議会としている）。議会基本条例を最初に制定した北海道栗山町議会は2022年度から通年議会と文書質問制度を導入している。

　本著では、文書質問の発見の意義を認めつつも、その範囲を限定する。つまり、議会と首長等との関係でメリハリをつけるために文書質問は積極的には肯定できず、

口頭の質問を充実させることを第一義的に考えたい。とはいえ、新型コロナ感染拡大を含めた非常事態や、介護などで欠席する場合には積極的に活用できること、そして文書質問の中にある資料請求の要素は、別途制度化することを提案する。

【文書質問の発見：国会の質問主意書との異同】

　福島町は、議会力・議員力をアップさせるために文書質問を発見したが、国会の質問主意書を参照した。それは国会開会中、議長の承認を受け内閣に転送され、内閣はそれを受理した日から7日以内に答弁書を作成し閣議決定後に議長に提出、という手続きを経る（国会法第75条）。類似していることが理解できる（福島町議会は、通年議会にして会期中に文書質問を可能とした）。

　国会の「質問主意書は、議院の品位を傷つけるような質問主意書や単に資料を求める質問主意書は認められないなど、一定の制約はありますが、国政全般について内閣の見解を求めることができます。また、議員一人でも提出することができるので、所属会派の議員数等による制約もありません」[41]。しかも、この質問主意書によって、社会問題があぶりだされたこともある[42]。また、地方自治にとって問題がある専決処分の運用が取り上げられたこともある（参議院、柴田巧議員、21年5月31日）[43]。

41　たとえば、質問主意書：国会キーワード：参議院（https://www.sangiin.go.jp/japanese/aramashi/keyword/situmon.html）、参照。政権交代で政治が活性化した時期に増加している。「1998年（平成10年）まではほぼ100件未満。その後、徐々に増えますが、それでも、200件台がほとんどです。それが、2006年（平成18年）以降、活用する議員が増え、2008年（平成20年）には1315件に！ここ数年は、当時より減ってはいるものの、それでも900件前後で推移していました」。霞が関の嫌われ者〝質問主意書〟って何？| NHK NEWS WEB（https://www3.nhk.or.jp/news/special/kasumigaseki/article/article_190708.html）、参照。

相違点もある。しかも、大きなものである。「所属会派の議員数等による制約」もない、という点である。質問主意書制度は、質問に立てない議員のためである。希望する委員会に所属できない議員にも役立つ。地方議員にも質問の制限（時間、回数等）があるとはいえ、会期中（定例会中）に質問ができないとは思われない。

【文書質問の活用の視点】

〈感染症拡大での質問自粛、育児・介護での欠席では有用〉

開会中（定例会議）はもとより閉会中（休会中）も文書質問の意義は希薄だ。議会運営にはメリハリがある。閉会中議会は死んでいるとはいわないまでも、寝ている。起き上がった際に十分活動できる準備を議員は行っている。いつでも動ける体制を制度化した通年議会でも実質は同様である。

議会力・議員力アップは重要であるが、定例会（定例会議）での質問を有効に活用する。通告期限に間に合わない場合、緊急質問制度も活用する。執行機関職員の負担も考慮すべきである[44]。閉会中（休会中）でも文書質

---

42 薬害エイズ事件で当時の厚生省が血液製剤に問題があると把握したあとも回収していなかったこと（1995年）、社会保険庁が年金の保険料を公用車の購入や外国出張費として流用していた問題（2004年）などを明らかにしている。霞が関の嫌われ者 "質問主意書" って何？｜NHK NEWS WEB（前掲）、参照。

43 専決処分は、「時間的余裕がないことが明らかであると認めるとき」と客観的に緊急を要することが説明できなければならない（2006年改正）。また不承認の場合に「長は、速やかに、当該処理に関して必要と認める措置を講じるとともに、その旨を議会に報告しなければならない」（2014年改正）となった（そして副知事、副市町村長は対象外となった）、ことをあらためて確認している。

44 「質問主意書が当たると、すべての業務がストップしてしまう」など「官僚を困らせる質問主意書」が例示されている。霞が関の嫌われ者 "質問主意書" って何？｜NHK NEWS WEB（前掲）、参照。自治体職員も同様な傾向もあるだろう。

問の積極的意義は感じられない。

とはいえ、文書質問は活用できる場面はある。感染症拡大に伴う質問の自粛への代替措置である。大規模自然災害、高い感染率・死亡率で議会が開催できない場合、専決処分が想定できる。そこまでいかない場合（新型インフルエンザ等対策特別措置法の緊急事態宣言下など）には、議員が感染症にかからない、傍聴席を限定、オンライン委員会開催などを駆使しながら、質問の自粛はあり得る。その場合、自粛した議員は文書質問を積極的に活用してよい[45]。この場合は、閉会中（休会中）だけではなく開会中（定例会議中）でも可能とする必要がある（基本条例条文では緩やかにしておきたい（千葉市議会））。なお、開会中か閉会中かは問わず、個々の議員の情報・提案を議会としてまとめて首長に提案することも必要だ。

また、介護・育児・出産などで欠席する議員の代替手段として活用できる。質問は、「出席」した議員しかできない。三議長会の標準会議規則の改正で、欠席事由は事故から出産、さらに育児・介護などにまで広がっている。閉会中も文書「質問」を可能とした例外を、ここでも活用したい。議会基本条例、会議規則の改正は必要になる。

〈資料請求制度の明確化を〉
文書質問の中には、単なる資料請求もある。閉会中（休会中）に今後行う質問等の準備は必要で資料請求は不可

45　立川市議会では、新型コロナ感染症拡大防止のため2020年第1回定例会において、予定されていた12名の一般質問は、文書による質問に代えている。千葉市議会は、新型コロナ感染拡大への対応で、2021年第三回定例、第四回定例ともに文書質問制度を活用した。

欠だ。個々の議員が直接所管の行政職員に問い合わせると収拾がつかなくなる。そこで、ルールが必要である。すでに指摘したような文書質問の限定とともに、資料請求を制度化する。

　福島町議会は、議会基本条例を改正して文書質問の条文に関連資料請求を位置づけた（2019年4月1日施行）。「議員は、……中略……文書質問を行い」の後に、「関連資料を請求することができる」（議会基本条例12①）を加えている。

　文書質問とは別に、資料請求の制度化も検討してよい。資料請求は単に議員のためではない。誰しもが活用できる情報公開制度の充実と、議員が新たに得た資料を公開する制度も必要だ。ハラスメントや「口利き」の防止にもなる。

【文書質問の活用の論点】

　文書質問については、緊急性はあるか、口頭で行うべきもの以外の妥当な内容か、恒常的な活用か、一般に活用されているか（特定議員だけが活用する場合でも妥当な場合は意義がある）、といった論点でも検証が必要だ。その上で、活用にあたっての論点を提示しておこう。なお、文書質問では質問項目とともに「質問理由及び趣旨」が文書質問書に明記されているのは有用である（小平市議会）。答弁書も非常に簡潔でわかりやすい。

①非常事態でも議会が開催されていれば、質問の自粛は次善の策でありその場合は、文書質問も有用である。その場合でも、議員には質問権があるので口頭で質問を行いたい議員に自粛を強制できない。

②文書質問の妥当性（資料提供に過ぎないかどうかなどを含めて）の受理権は議長にある。ただし、異論があ

れば議会運営委員会等で検討する制度も必要である。

③答弁書が議長に提供されるが、当該質問議員だけではなく、全議員に配布するとともに、住民にも提供する。福島町議会では、『議会白書』とともに「議会だより」に掲載している。HPから簡単に入手できる。千葉市議会は、議事録に掲載する。質問であるがゆえに議事録に掲載するのが順当である。資料請求ではこれにあたらないが、議会だよりには掲載する。

　文書質問の意味を確認しながら、その活用の範囲を確定してきた。感染症拡大や、育児・介護・出産などで議会を欠席する議員にも活用できることも再確認した（議会基本条例や会議規則の改正が必要）。また、文書質問とは別に資料請求制度の必要性も提案した。文書質問を手掛かりに、日常的に行われている口頭による質問の意義を再考しよう。

【委員会委員の戦略的質問】

　会派での同一のテーマについて一般質問をすることはある。これも戦略的一般質問といえる。ここでは、委員会が所管事務調査を行い、首長に政策提言したが、成果は勝ち取れなかった。そこで、委員会委員が一般質問を活用して戦略的に質問をすることも考えられる。三重県いなべ市議会は、この委員会委員の戦略的質問を行った（2023年第3回定例会）。

　市内の山間地で、突如太陽光発電パネルの設置工事が始まっていた。民家に近接した場所で、地域住民からは抵抗感、危機感が出た。そこで、地域住民からの声を受け、議員個人で一般質問したが、執行部からの回答は、「法律、県のガイドラインに沿って対処する」だった。そこで、都市教育民生常任委員会の所管事務調査することを

決定し、調査を開始した（市内現地調査、自治体で独自のルール・条例を持っている自治体視察、県の担当者による県ガイドラインの勉強会実施、参考人の活用（地域住民の声を直接聞く機会））。

委員会で提言をまとめ、議会の承認を経て、議会として市長へ提言した。その回答は、「法律、県のガイドラインに沿って対処する」と答弁と変わりはなかった。そこで、「その後」の手法として、「委員会委員の戦略的質問」を構想した。

委員全員が質問する、同一の会派に属している委員は、代表して1人が行う、質問内容はそれぞれの議員に委ねられる、順番が後へいくほど再質問を工夫することとなった。「太陽光発電設備に関する条例もしくはガイドラインの制定を」「太陽光発電事業設置条例の必要性」「市議会の「太陽光発電設備に関する提言」に対する市の回答について」といった内容の連続質問だった。

この委員会委員による戦略的な一般質問の実践でも、相変わらず執行部からの答弁に変化はなかった。しかし、戦略的質問は、委員会の「塊」を創り出した。「無関心層」へ関心を持たせることができた（議員とともに住民）。

委員は、「言わなきゃいけないことは質問で全部ぶつけた」「議会の想い（真剣度）は伝わった」「国の動向が変革のときであるため、様子を見る」「市長の理屈を論破できなかった」などの意見が出た。

今後、成果を獲得するには、「戦略」を意識し、順番や内容の調整などを事前に調整することが必要だろう。とはいえ、委員会委員の戦略的質問は、委員会提案が実質しない場合（議会として条例制定が難しい場合など）には、有効だ。

6. 政治の磁場で作動する質問

【二元的代表制にも質問は必要か】

　一般的にはこの小見出し"質問は必要か"の問題設定に疑問符が付されるかもしれない。本著では、政策過程上の議案審査の重要性を強調してきた。その際、議員、あるいは会派の議案審査力・質疑力だけではなく（正確にはそれを基礎としつつも）、議会としてのその活用が有効であることを指摘した。こうした活動は、毎定例会（定例月会）での「勝負」（議決）にとって第一級の意義がある。議決責任を重視する議会にとってこの審査と議決（説明責任）に注力するのは当然である。

　このように考えれば、議員の質問力重視、あるいは議員の提案力（議員提案条例等）をことさら高く評価する議論には違和感がある。そこで本著では、議案審査力を考慮した際と同様に、議員、あるいは会派の質問力だけではなく（正確にはそれを基礎としつつも）、議会としてのその活用が有効であることを強調した。質問は、重要であるとしても、多くの議会で行われている質問を中心とした議会運営をそのまま肯定しているわけではない。

　今日、一般質問のあり方をめぐって、極論すれば一般質問の廃止を議論している議会もある（表8参照）。議会基本条例の検証の中で、以下のような問題提起があった。「本当の形としては、会議規則から一般質問という条項を抜く。抜いて一般質問という議員個人の活動ではなくて、議会として動いていくというのが、二元代表と呼ばれるものの議会というキーワードになっていくものではないか。ただ、それを今すぐというわけにはいかないので、事務局間でも出ておりまして、まず、一般質問

表8　一般質問廃止の問題提起とその反応
（茨城県取手市議会における議論）

【一般質問の消極論・否定論】 本当は廃止をめざすが、現実的には質問時間を削減して討議時間を増やす。	【一般質問の積極論・肯定論】 現行には問題はあるが、廃止することはもとより、時間削減には否定的である。
〈原則〉 議員活動に位置づけられている質問は二元的代表制の作動からは逸脱。しかし現行では廃止できないので、その時間を削減し議員間討議時間を増やす。〈運用〉 ・議員は質問の準備に注力するために、議案審査が曖昧になる。 ・質問者以外の議員は、質問にかかわらない時間をすごす。	・住民の声を行政に届けるのに重要。 ・少数派には、重要な政策提言。 ・関連質問によって、議会議員の質問にすることは可能。

注：茨城県取手市議会「議会運営委員会記録」（2019年6月13日）より作成。

の度合い、皆さんが一般質問に調査・研究する時間とか比重を減らし、市の大きなその課題を討議し合うというような方向にシフトチェンジしていったほうが、基本条例の形になっていくのではないか」というものである（茨城県取手市議会「議会運営委員会記録」（2019年6月13日、口語体に修正））[46]。

　この問題提起は突飛なものではない。アメリカ大統領制を典型とした二元制では、大統領が出席することは日常的ではない。日本の場合、日常的に出席し議案のほとんどを首長が提出している。日本の地方自治は、アメリカ大統領制を念頭に置いた場合、二元制といってもその異同を確認した上で、日本の二元制を住民自治から模索する時期に来ている〔→序章〕。

46　この問題提起は、議会事務局（岩崎弘宜事務局次長）からのものである。なお、議員間討議重視のこの問題提起には、質問後には議員間討議だけではなく、傍聴者からの意見聴取なども提案されている（本著では今後この点にも触れる）。

一般質問中心の議会運営の問題点を踏まえたこの問題提起は、議会と首長等の政策競争を前提とする二元的代表制を念頭におけば、個々の議員の一般質問は議員間討議を重視する議会運営とはその発想に溝があるという理解からのものである。しかも、実際の運用にあたって、議員自身が質問の準備に追われているとはいえ、長い質問時間だとその内容が曖昧になる（極論すれば内容の薄い質問）。質問者以外の議員は何もしていない。これらを考慮して、質問時間の短縮と、議員間討議の充実強化が提起される。

　こうした提起に対して、市民意見を行政の場に登場させる、議員間討議の重要性は理解しつつも少数派の意見を提出する場、といった意見が当然出てくる。こうした理由から一般質問の意義を強調してその時間短縮は導入されていない。なお、この議論の中で質問者だけの議会運営に対して関連質問などが紹介されている。質問を議員個人のものとしないための手法である〔→第2章3〕。

　引用でも明らかなように、この問題提起は一般質問の廃止ではない。そして、結局質問時間の削減も行われていない。とはいえ、一般質問を軸に二元的代表制の作動を根本から考えている議会だ〔→序章〕。

【二元的代表制を作動させる質問の位置】

　一般質問廃止の問題提起であっても、実際は廃止できないことは提起者も十分理解している。一般質問は、議員にとって最もはなやか活動であり、住民が議員に関して非常に関心と期待をもっている活動だからである。一般質問重視の議会運営では、当然それ重視の議員活動になる。

　従来の一般質問重視では、地方議会内にも「与党―野

党」関係を作り出す要因、あるいは議会が1つにまとまらない要因となってきた。

戦前とは異なり首長の議事参与権はなくなっているにもかかわらず、首長提案がほとんどであることを考慮すれば、議案審議の重要性とともに、質問による提案（暴露ものもある）は地域経営にとっては重要である。二元的代表制の視点から、従来の一般質問を中心とした運営が問題であることは常に意識すべきである。とはいえ、その問題を是正しつつ、一般質問の活性化とそれを二元的代表制の活性化に連動させる必要がある。そこで、"二元的代表制を意識しそれを作動させる一般質問"を創出する視点を確立しておこう。

【質問をめぐる政治の磁場】

本著で、"二元的代表制を意識しそれを作動させる一般質問"を提起するには、一般質問（およびマニフェスト、断らない限りマニフェストを含んだ質問）は真空ではなく、政治的磁場で作動することを念頭においている〔→第4章3〕。一般質問をめぐって議員の研さんが必要であることはいうまでもない。とはいえ、それに基づく政策力は真空で測れるものではなく、政治の磁場でのその実現性が問われる。一般質問によって明確になる議員の政策提言は、議会での多数派になること、あるいは／また首長との政策的距離が近いこと、これらによって実現性が高くなる。

そのように考えれば、一般質問も討議空間を創り出す素材として位置づけられる（一般質問の第1の意義）。いわば、それらは一度提案されれば政策実現へと一直線に向かうのではなく、議会という討議空間、および二元制という自治制度というハードルを経る必要がある。

前者の討議空間では、個々の議員の提案は議会という意思に昇華されてよりその実現性は高まる。後者の二元制について着目すれば、首長との距離が問題になり、与党意識での活動では癒着を招きかねず、野党意識の蔓延は創造的な対案が打ち出せない。政策類似派は首長とは政治的価値観は近いことも多いが、迎合するのではなく、より効率的合理的な政策を提案する役割を担っている。対立派は首長提案よりも住民にとってよい政策を提言する役割を担う。こうした討議空間や自治制度といった環境を意識した一般質問の実現を模索することになる。

　質問を中心としたバラバラな議員・会派によって構成される集合体である議会の運営に対して、議会の存在意義である討議とそれに基づく首長との政策競争を実現する議会運営にシフトさせる。とはいえ、質問が機関としての議会の提案に昇華されなければ意味がないというわけではない。重要な争点が、多数派には見えない、あるいは見たくないものもある（政治学のいう非決定）〔→第2章2〕。そこで、機関としての議会が取り上げられない論点を一般質問として政治の場に登場させる意義は十分にある。このように考えれば、一般質問には議会からの政策サイクルの素材とともに、少数派を政治の場に登場させるという重要なもう1つの意義がある。

【政治の磁場を意識した一般質問】

　今日ほとんどの議会では、一般質問中心の運営が行われている。こうした運営では、一般質問の充実・強化を模索する必要がある。本著では、それとともに個々の議員・会派の質問を議会からの政策サイクルに連動させることが一般質問の実現可能性を高め、また多様な民意を集約する議会活動を充実させることを強調している。表

9は、その際の基本的要素を示している。

①原則（影響力としては［議員・会派＜議会］）：政策過程上の議員・会派よりも議会全体で取り組むことで影響力が大きくなる。そのためには、議員・会派の提言・質問を議会として取り上げる必要がある。ただし、水面下の調整では、議員・会派の方が影響力が大きい（［議員・会派＞議会］：従来型議会運営）。

なお、そこからこぼれる提案・内容は個別に議員・会派によって質問等で取り上げることは重要である。すべてが議会によって取り上げられるテーマにはならないという意味だけではなく、地域における重要なテーマが争点として浮上しない場合もある（非決定）。

②この原則に基づき、政策過程上に活用できる道具を確認する必要がある。議員・会派の提言・質問を議会として取り上げる主な道具として委員会の所管事務調査がある。公式・非公式の政策集団形成も重要である。一問一答方式や関連質問などの制度化とともに、会派における「集中質問」（会派や非公式な集団が独自テーマを設定して連続して質問する方式）など、現行の質問制度を豊富化する制度・運用も想定している。事前、本番、事後を意識した連続的、しかも議会全体としての戦略的運用が不可欠である。

③一般質問、およびそれを議会として作動させる際の視点である。これらの提言にあたって、常に意識すべきは実現可能性である。その際、首長提案の際の説明義務（チェックリスト）、および縮小社会を意識した質問・提案でなければならない。すでに指摘しているように、北海道栗山町議会によって「発見」された首長提案の説明義務は参考になる（条例6）。それは質疑にあたって活用できるが、質問を作成するにあたって、

これらの項目を意識することは必要である〔→はじめに〕。

原則	①影響力：〔議員・会派＜議会〕（水面下の調整では、議員・会派＞議会になる場合もある） ②議員・会派と議会との関係 　ⅰ〔議員⇒議会〕（議員・会派の問題意識を議会のものに（マニフェストの研修会、委員会代表質問、一般質問後の追跡調査や所管事務調査）） 　ⅱ〔議会⇒議員・会派〕（議会全体のものにならない場合議員活動（一般質問やその他の政策提言）） ③〔議会全体＝善、議員・会派の提言＝非善〕というわけではない。（少数派が地域問題を抉り出しているということはある）。		
時系列における作動（道具）	【事前＝準備】 ・マニフェストを意識した議員、会派活動 ・選挙後の議員全員によるマニフェスト勉強会（→会派、政策集団） ・委員会による所管事務調査、政策グループ（公式：新潟県上越市、大分市等）（非公式）による調査研究	【質問＝本会議】 ・一般質問 ・会派代表質問 ・委員会代表質問（岐阜県可児市議会） 〔実践されている一般質問の充実の制度化〕 一問一答方式、再質問、関連質問、反問権付与、通告制（論点だけか全文か、全文の場合答弁案も全文提示か） 議場（対面式か円形か、あるいはホールとの兼用か） 関連質問の制度化 《「傍聴者」への意見聴取、会派内議員あるいは非公式の政策集団によるテーマを絞った連続的質問》	【事後＝検証と次のステップ】 ・定例会の反省会（一般質問等の反省も含む、会津若松市等） ・議員による追跡（追跡質問：青森県佐井村） ・行政による対応報告の義務化と議会だよりへの掲載（長野県飯綱町） ・委員会所管事務調査（北海道芽室町） ・公式、非公式の政策集団
視点	栗山町によって発見された「町長による政策等の形成過程の説明」「予算・決算における政策説明資料の作成」の活用（議会基本条例6、7）は、議会にも跳ね返る。また、縮小社会を意識する。		

注：《　》内は、ほとんど議論されていないが今後重要となる事項である。

【一般質問を議会からの政策サイクルに活用する】

　一般質問を軸に個々の議員の政策力を議会全体に転換する手法を考えている。当然のことではあるが、議会力アップのためには、個々の議員力アップを伴わなければならない。議員それぞれの政策力を議会の政策力に転換させる手法を考える。いわば議会からの政策サイクルと一般質問の連動を模索したい。表9で示した基本的要素を動態的に再確認することである。

　議会が機関として作動するときに政策は実現しやすい。議員・会派の政策提言を議会として提言する手法である。一般質問を個々の議員の提案から討議空間の素材として転換させることである。そもそも一般質問はマニフェストと連動する〔→第4章3〕。支持者への活動アピールという点を度外視すれば（これは説明責任を果たす上でも支持者拡大においても重要）、一般質問を経ずとも実現されればよい。このための手法として次のものが想定できる。

　選挙後（臨時議会の際）にマニフェストの研修会を開催するとよい。他の議員のマニフェストを知るよい機会である。個々の議員のマニフェストを機関としての議会の政策課題とする出発点となる。選挙時に提出されるマニフェストはその場限りのものにしてはならず、支援者とともにマニフェストとして提示された政策の束を議会全体のものとすることである。それらによって、議員・会派のマニフェストの内容を選挙後に委員会の所管事務調査事項にしたり、公式・非公式の政策集団を形成することで、一般質問の実現の近道となる。これによって、委員会（公式の政策委員会を含む）の委員会代表質問や、非公式の政策集団や会派による集中質問なども実践する

ことができる。これらが作動すれば、議員・会派の政策
は、場合によっては一般質問をしなくとも実現する可能
性も高まる（他のテーマを取り上げることに力点移動す
ることが可能）。

　一般質問の「事後」に議員・会派の提言を議会の提言
とする道もある。すでに紹介していることであるが、ま
とめの意味で再確認しておきたい。
　会期後の「反省会」（会津若松市議会等）でそれぞれ
の議員の一般質問の評価から出発するとよい。また、議
会による追跡調査も重要である。早い時期から山梨県昭
和町議会は一般質問の中から重要なテーマを議会として
調査しその結果を議会だよりに掲載している。また、長
野県飯綱町議会のように、首長等による「検討事項」の
議会への経過報告、および議会だよりへの掲載も一般質
問を議会として扱う手法である。さらに、一般質問の中
から自治体にとってとりわけ重要なテーマについて委員
会の所管事務調査として調査を開始し、それを議会とし
て政策化することも必要である（北海道芽室町議会等）。

　一般質問と連動するマニフェストは、本著では厳格な
３点（数値目標、期限、財源保障）セットを必須として
いない。討議空間創造の素材として位置づけているため
である。その意味でマニフェストと定義することは不正
確かもしれない。ただし、政策型選挙を行うならばマニ
フェスト（広く政策提言）は不可欠である。その中には、
縮小社会に適合し、かつ総合計画の評価を含んだマニフ
ェストである。
　一般質問では、そのマニフェストを意識して行うこと
が必要であり、それを機関としての政策課題につなげる

手法をそれぞれの議会は開発して欲しい。

●自治を担う「フォーラム」としての議会

122

第3章 質疑の充実による 議会力・議員力アップ

> 第3章のポイント
> ○論点1：地域経営において、質問とともに（それ以上に）議案審査、したがって質疑が重要なことを確認する。
> ○論点2：議案審査の充実手法を模索するⅠ（政策サイクルによる質疑力の向上：飯田市議会、可児市議会、会津若松市議会、宝塚市議会、西脇市議会等）。
> ○論点3：議案審査の充実手法を模索するⅡ（提出議案情報の事前入手、日程、論点の事前の明確化等）。
> ○論点4：討論の充実を図る（一議員一回ではなく複数回可能とする）。

1．質疑による議会からの政策サイクルの強化

【質疑力の重要性】

　質問・質疑を有効にするためには、それが作動する政治的磁場の確認が必要だ。その上で、それらを有効に作動させるために、一般質問を素材に議会としてそれを活用することの重要性を指摘した〔→第1章、第2章〕。本著では、一般質問（代表質問）だけではなく、質疑に議会として関わる重要性を強調する。一般質問を議会力アップに連続させるだけではなく、質疑にもである。同時に、議会力アップのために開発されている議会からの政策サイクルによって、質疑力・質問力を向上させる。

そして、質疑と質問の連続性の強調となる。

　まず、質問力に対して質疑力が軽視されているが、質疑力の重要性の確認から出発したい。

①質疑は議決（表決）に直接関連する。議決に責任を有する議会にとっては、この質疑こそ「はなやかで意義のある発言の場」として位置づける必要がある（「最もはなやかで意義のある発言の場」は一般質問だけではない）。

②質疑により議案の問題点をえぐり出す。議案審査において浮上した問題点は、監視の際の重要な論点となる。とりわけ、質疑とその後の討議によりまとめられた附帯決議（要望的意見等）は、その後の監視に極めて重要である[47]。

③監視は同時に提言を含むことになる。監視は政策提言力を豊富化する。監視が提言と連結する。同時に、提言には至らない質疑の論点は、その後の執行過程では監視の論点となる。その論点は、その後質問等を通じた監視だけではなく提案と結びつく。

　このように考えれば、質疑は一般質問（会派代表質問）よりはとは断言できないが、地域経営にとって質問とともに重要であることが理解できる。

　質疑といえば、本会議、あるいは委員会で議員個人が質疑し、執行機関（議員、委員会提案の場合、提出議員）が応答する。議員個人の政治的価値（選好）、あるいは支援者からの要望に即して個々バラバラに質疑する。したがって、追認機関の一過程に組み込まれるか、監視力

47　要望的意見とは、会津若松市議会で実践されているものである。委員会審議の際に、附帯決議まではいかないが、留意すべき論点を確認している。したがって、本会議にはその論点は報告のみである（会津若松市議会　2019）。

や提言力の向上はあっても個人の資質に還元される。そこで、個々の資質向上が期待される。専門的知識と市民的感覚を有する議員としての資質の向上である（本著で強調している）。

　同時に今日、政策過程において質疑の位置づけが大きく変化していることを確認したい。質疑を個々の議員に委ねるだけではなく議会として、しかも地域経営の本丸である財政過程に議会が関わるようになってきた。その際、決算審査から予算審査へといった審査の連続が行われるようになった。その審査では事前準備によって論点を明確にするための決算審査のために行政評価といった事前準備を行っている（長野県飯田市など）、あるいは審査にあたって事前に論点を明確にして質疑を充実させている（福島県会津若松市議会など）。議会による提言への対応を行政に義務づけている議会もある（岐阜県可児市議会など）。また、財政過程だけにかかわらず、議案審査にあたって、審査の前に議会（委員会）として論点を明確にして審議し、途中でしっかり議員間討議を挿入するシステムを制度化している（兵庫県宝塚市議会など）。

　なお、質疑の論点、通告制の必要性、事前の議案（正確には議案情報）入手の重要性などについて検討する。マニフェストの関連、討論との接合など質疑をめぐる論点(留意点)については、質問とも関連する〔→第4章3〕。

【政策サイクルによる質疑力の向上：質疑力による政策サイクルの向上―財政過程】
①質疑を充実させる事前準備（決算審査に議会による行政評価を活用）：飯田市議会の挑戦
　決算審査の際に、それを充実させるために議会による

行政評価を活用する。決算審査から予算審査へ、といった議会からの政策サイクルは流布してきた。その先駆的な試みは長野県飯田市議会における政策サイクルである（江藤　2016）。決算審査を充実させるために、行政評価を議会として行いそれを活用する。なお、決算審査に基づく提言は翌年度の予算審査に活用されている。その質疑は、議員個人のものから議会全体へのものへと進展している。

　飯田市議会は、2018年度よりこのサイクルをバージョンアップしている。「行政評価により政策・施策レベルのチェックを行い、続いて決算審査で事務事業のチェックを行う。その過程で集約した意見は、『議会からの提言』として執行機関に提出する。執行機関の予算決算の説明は、事務事業をベースに行われ、早急に対応すべき事案については、次年度を待たず補正予算で対応することとしている」（江藤・新川編　2021：第4章第2節（湯澤啓次論文））。

　この「提言」について執行機関が対応状況の一覧表を作成し、第1回定例会の全員協議会（開会）か、予算決算委員会の前期全体会で説明を受けること、および事務事業に関して予算決算委員会分科会において、該当する部分の予算説明において、対応状況の説明が行われることも重要である。すぐ後に検討する可児市議会のサイクルの「行政対応結果報告」と連動する。

②質疑の論点を事前に準備（論点抽出表の作成による議会としての質疑）：会津若松市議会

　決算審査、および予算審査を充実させたのは福島県会津若松市議会である。飯田市議会と同様なサイクルを回しつつ、審査の際の論点を事前に明確化している（会津

若松市議会編　2019、江藤・新川編　2021：第4章第1節（江藤俊昭論文））。議会としての質疑になる。

　決算議案が提出される以前に、決算審査にとって重要だと思われる事項を予算審査決算審査準備会（とりあえず、常任委員会と理解してよい）で事前に議論している。「質疑によって明らかにすべき事項」「基本施策に対する評価等（委員間討議での合意点）」「備考（決議等、要望的意見の要点）」を一覧表（抽出論点表）にまとめる。決算議案が提出された際にはこれを武器に論戦を行う。議会として「執行機関とは異なる視点から住民ニーズをキャッチアップ」を目指し、政策・施策を評価する。住民ニーズを起点とする発想は、議会からの政策形成サイクルを継承している。決算審査を踏まえて予算審査でも同様に事前に準備を行っている。質疑は個人のものだけではなく議会のものになっている。

　これらのサイクルは、議会の政策提言にあたって監視から出発していることに注意していただきたい。議会の監視機能と政策提言機能が並列に存在するのではなく、監視機能の高まりが政策提言機能を高めている。そして、高度な政策提言があるからこそ、それを踏まえて監視力が高まるという相乗効果がある。ともかく、監視機能と政策提言機能を含み込んだ政策サイクルの登場である。

　なお、会津若松市議会は決算審査から予算審査へと連動させる際に、附帯決議にとどまらず、要望的意見を付している。従来からも附帯決議とともに要望的意見が提出されていた（会津若松市議会編　2019、江藤・新川編2021：第4章第1節（江藤俊昭論文））。

　附帯決議は、議会としての意思を明確に決議形式で提出するものである。それに対して、要望的意見は、委員会（予算決算の場合は予算決算常任委員会分科会（第1

〜第4分科会））からの意見である。附帯決議の場合は、本会議での決議であるために議会として慎重になる。そこで、委員会（分科会）で議論した際の留意点を明確にする必要がある。そこで、要望的意見形式としている。これは、議会の決議としていないが、委員会（分科会）の議論を経たものとして影響力はある。委員長報告においてこの要望的意見を確認している。決議ではないとはいえ、議員全員にその留意点が周知される。今後の議論の素材になる。しかも、会派制を採用していることを考慮すれば、一委員会（分科会）のものであろうとも、全体の意思と類似していると考えてよい。

　会津若松市議会は、議会からの政策サイクルをより充実させるために、財団法人日本生産性本部の議会成熟度評価を採用している。善き政策は、善きシステム（プロセス）から生まれるという視点から（政策品質というより経営品質）、そのシステムを評価するものである（日本生産性本部　2023）。それと関連して、決議や政策提言等への対応状況の確認（本会議で議決した決議（附帯決議を含む）、政策討論会全体会で確認された政策提言、要望的意見）を行っている（2023年）。執行機関に問うたものである。政策サイクルの成果である。これは、次の可児市議会の「行政対応結果報告」とも連動する。

※今日、通年議会の導入にともない、政策討論分科会は、常任委員会、あるいは予算決算常任委員会ではその分科会に位置づけられている。

【行政の対応を素材に審議（行政による「行政対応結果報告」）：可児市議会の挑戦】

　岐阜県可児市議会は、決算審査を通じた「提言」を踏まえて予算審議にあたっている（図3参照）。これは飯

田市議会や会津若松市議会と同様である。ただし、提言への対応を制度化していることは特異である[48]。予算審査でも、翌年度の決算審査でも「行政対応結果報告」を素材として質疑が行われている。なお、この提言は全会一致制を採用していることも特徴である。

　なお、可児市議会は委員会代表質問が制度化されている（会派代表質問は制度化されていない）。これにより監視・提言を強化している。

【議案審査の課題】

　議案審査の際の課題を探る。質疑に直接関わる次の4つの論点を確認する。

図3　可児市議会予算決算審査サイクル

予算決算委員会：議員20人で構成(議長・監査委員を除く)

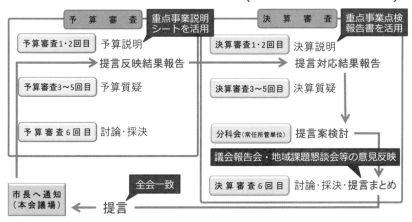

出所：可児市議会資料。

48　予算審査の際にも附帯決議を行っている。たとえば、2012（平成24）年度事業に対する附帯決議（同年3月定例会予算審査）（同年予算特別委員会附帯決議）、2018（平成30）年度可児市一般会計補正予算（第1号）に対する附帯決議、令和元年度可児市一般会計補正予算（第4号）に対する附帯決議、である。

①議案として提出されるテーマを事前に提出させる

議案が提出されてから充実した質疑内容を構想するには時間がない。提出議案の情報を事前に得る制度化も必要だ。提出予定議案については、定例会の1週間前ぐらいに全員協議会などで説明を受けることが一般的である。次期定例会で提出予定議案は、行政はスケジュール化している。その情報を議会に提供すべきであろう。議会として事前準備ができる（委員会が無理な場合、委員会協議会などを活用）。

②議案の論点を常に意識する

議案審査に対して議論すべき一般的な論点はすでに明確である。「議会審議における論点情報の形成」として、北海道栗山町議会基本条例の制定以降、全国の議会基本条例に刻み込まれている。議案審査にあたって、首長が議案を提出する際の説明義務項目を活用することである（発生源、総合計画との関連、類似政策の有無、他自治体の動向、コスト等）〔→はじめに、第2章6〕。

まずもって、ここから審査を進めることである。議会としても、議員としてもである。政策等の発生源、検討した他の政策案等の内容、他の自治体の類似する政策との比較検討、総合計画における根拠又は位置づけ、関係ある法令及び条例等、政策等の実施にかかわる財源措置、将来にわたる政策等のコスト計算、といった論点である。

その上で、それぞれの議員は、質疑にあたってマニフェストと連結させ、あるいは住民の声を意識しながら（支援者、住民との意見交換会等）、他の自治体の「成功例・失敗例」などを参照すべきである。

③住民の力を借りる

　三重県四日市市議会では、議案に対する意見募集を行っている。重要な議案（市民サービスに大きな変化をもたらすような条例や事業）について、市議会ホームページにおいて情報提供を行い、市民からメール等で意見募集を行っている。住民からの意見は委員会での審査が行われる前に、全議員に配付し参考にしている。質疑、そして審議は充実する。

　住民の力を借りることには意義がある。なお、議案をそのまま情報提供しているが、委員会で討議し、論点を明確にしたうえで意見募集を行うことも検討してよい。より充実した意見募集ができる。

　参考人・公聴会を活用することも重要である。むしろ、重要議案に対しては、少なくとも参考人は必須とすべきであろう。

④通告制

　質問は通告制を採用することが一般的である。質疑については通告制の採用は自治体により異なっている。採用していない自治体もあれば（岩手県滝沢市、福島県南会津町等）、採用している自治体もある（福島県会津若松市、長野県飯田市、岐阜県可児市等）。質疑を充実させるにはやはり通告制が必要である。ただし、問題が残る。議案の実質的な審査は委員会制を採用している場合、委員会に委ねられる。関心ある議案審査に関われない場合もある。会派制の場合、同じ会派の議員に質疑を委ねることもできる。少数会派の場合、これもできない。その場合、委員会へのオブザーバー参加・発言を認める必要もある。なお、会期日程が重ってオブザーバー参加できない場合、文書での質疑もあってもよい。議会として

より広い視点から議案審査にあたるためである。

2．議案審査を充実させる会期日程と討論

【一般質問の前に行う議案審査の意義】

　議案審査の重要性を指摘している。議案審査は、質疑だけではなく議員間討議によって充実すること（兵庫県宝塚市、岐阜県可児市等）、および一般質問の前に議案審査を配置する日程の重要性（宝塚市）を紹介した。首長提案議案を念頭に議論を進めている。

　議案審査重視でも、理論上議案審査を一般質問の前に配置しなければならない理由はない。どちらも、議員が真摯に取り組めばいいし、後に確認するように質疑と質問との切り分け・割り振りを明確にして行えばよい、とはいえる。

　茨城県取手市議会では一般質問を会期後半とする試行を行った（2015年9月議会）[49]。「一般質問が後半にあることによって、最後まで緊張感を非常に継続できる」という意見もあったが、「一般質問は政策議論する場ということで、重要視すべき一般質問というふうに位置づけていることから、やはり、委員会ですとか特別委員会の前に、やはり一般質問はきちっと位置づけて、緊張感を持ってやるべき」との意見もでて、従来どおりとなっている（10月7日議会運営委員会）[50]。

　とはいえ、筆者は議案審査の重要性、また質疑と質問の切り分けを制度上明確にするためにも、日程上議案審

49　会津若松市議会では、1993年6月定例会から1993年12月定例会では一般質問の前に総括質疑（本会議での質疑）を設置した（委員会での議案審査は従来どおり一般質問後）。「一般質問で議案審査のような質問を細かくやってしまう」という意見もあったが、「一般質問で政策論争を先にやったほうが議論がしやすい。」などの意見により、一般質問後に議案審査が行われている。

査を一般質問の前に配置した方がベターだと考えている。本会議でのその質疑にあたっては、招集前に議案らしきもの（議案の案）の説明があったとしても会期が始まってから議案の精読期間を十分取ることが前提となる（本著で後に検討するように、委員会で議案になるテーマを事前に調査研究しているとしてもである）。一般質問への対応（答弁）を重視する執行機関の発想を変えるためにも、議案審査を最初に組み込むことが必要だ。なお、すぐ後で検討する西脇市議会のように表決後に一般質問を行うことで、議案審査と一般質問を切り分けることのできる日程となる。

　なお、一般質問後に議案審査という日程でも十分な議案審査ができないというわけではないことを留意していただきたい。議案審査のための会期日程を議論して欲しい。

【議案一般への対応：宝塚市議会の挑戦】

　議案審査全体に議会としてかかわる制度化をしているのは兵庫県宝塚市議会である。2011年から一般質問が中心と考える思考に対して「議案審査を第一優先とする姿勢を打ち出」すために、一般質問と常任委員会での議案審査の順番を組み替えたことはすでに指摘した〔→第1章2〕。この議案審査の充実のために、委員会協議会において論点を整理し、これを素材に質疑を充実させている。また、自由討議を委員会審査の途中で行うことによ

50　総務部長からは、副市長や多くの部長から従来どおりにして欲しいという意向が伝えられている。消防長のみ、一般質問への対応時間が取れるという理由から試行に賛同している。なお、総務部長の見解では追加議案が提出しにくいという課題が提出されている。これは予備日や継続審議（追加議案程度の議案）を活用すれば問題はないと思われる。

り、さらなる論点の明確化（自由討議後も質疑に戻れる）と着地点（修正や附帯決議の可能性）を模索する制度を挿入している。これらは議案審査の充実、質疑の充実を模索している。

質疑を議員個人のものだけではなく、議会として個々の議員の質疑を活かす姿勢がみてとれる。また、論点整理とは議案審議の際に議論のテーマとなるべきポイントであり、効率的・効果的な議論のために、事前に論点を明確にするものである。個々の議論の質疑に対して、議会として「論点ごとに集中して議論を深めること」を目的としている。議員自らがこの「論点整理」をまとめている。

以下、会期日程に即して質疑を中心に論点整理とそれに基づく審議、自由討議について確認しておこう（表10参照）。

【議案審査と表決後に一般質問：西脇市議会の挑戦】

西脇市議会は、一般質問の前に議案審査・討論表決を行っている（表11参照）。一般的な会期日程を逆転させていること、表決後に一般質問が行なわれていること、本会議での質疑は上程から数日間後に設定していることに注意していただきたい。西脇市は平成の大合併（2005年）によって誕生したが、それ以前から旧市ではこうした運営は行われていた。議会改革の最先端を走っている議会の1つとして、議案審査を重視する日程だと再確認している。また、多くの議会では一般質問が議員にとっての「最もはなやかで意義ある」ものという認識から（本著では異なるスタンス）、地元の課題がテーマとなる。それには議案にかかわるテーマもある。議案審査、表決前では、事前に一般質問・答弁が議案審査にかかわる恐

表10　議案審査を一般質問の前に設置する議会運営（宝塚市議会）

【本会議（議案の上程→常任委員会に付託）】

【常任委員会①（議案説明と内容確認)】

〈議案熟読、会派内協議〉

　委員会付託後、議案熟読と会派内協議の期間を設け、各委員が議案への理解を深めるとともに、課題抽出を行う。

〈常任委員会での議案説明（常任委員会①)〉

　理事者から、議案の内容について詳細な説明を受ける。議案に対する質疑は行わないが、議会基本条例第8条に規定する論点情報形成に必要な事項について説明が不足している場合は、確認を行うことができる[51]。

【常任委員協議会（質疑事項の整理（論点整理))[52]】

　事前の議案熟読及び会派内協議並びに常任委員会①での議案説明を踏まえ、各委員から議案に対する質疑事項の提出を受け、それに基づき論点整理を行う。質疑事項は整理し、理事者に情報として提供する。なお、論点整理の過程で、争点の有無、自由討議の必要性を予測する。

【常任委員会での議案審査（常任委員会②)】

第一段階：論点のある議案については、論点ごとに質疑を行う。

　論点以外の質疑もしくは論点がない議案に対する質疑についても、基本的には委員の自由な発言を制限するものではないが、各議案に対して論点整理を行い議論の流れを整理してきたという経過を踏まえて行うべきものとする。

第二段階：自由討議〜（質疑)

　自由討議は、質疑を終結せずに行う。自由討議の中で、さらに質疑が必要な場合は質疑に戻すことを可とする。自由討議後に質疑がなければ、質疑を終結し、討論、採決を行う。

（第三段階：必要があれば質疑)

【常任委員会協議会、その後の常任委員会】

　正副委員長が作成した報告書の原案を、委員に事前配付する。委員会報告書には、おおむね議案の概要、論点ごとの質疑の概要、自由討議の概要、討論の概要、採決の結果、その他が記載されている。

　委員間の協議により報告書原案を修正する（必要に応じ少数意見を記載する)。

　常任委員協議会から常任委員会に切り替えて、採決により委員会報告書の内容を決定する。

【本会議：一般質問】

【本会議：委員長報告〜討論〜表決】

〈委員長報告〉

　委員会報告書は、委員長が議長に提出する。委員会報告書を議場配付する。委員長が口頭により、概要を報告する。

〈討論〉〜〈表決〉

出所：宝塚市議会資料（一部修正)。

れもある。表決後に一般質問を行えば、議案審査と一般質問を切り分けられる。

表11　西脇市議会定例会の標準日程（一般質問の前に議案審査・討論・表決）

日程	概要
本会議8日前	正副議長調整会（議会運営委員会の前日に開催（非公開）、市長、副市長、議事担当が議案概要説明（約1時間）） 議会運営委員会（本会議1週間前に開催（告示日・議案配布）） 議案説明会（本会議2日前）（非公開（約2時間）、議事担当（財政課長）、担当課長が出席し説明）
【本会議第1日】	①本会議：提出議案の説明 ②議員協：本会議30分前開催、議会運営の概要説明など ③本会議終了後、常任委員会ごとに議案審査に係る資料請求調整会（非公開）、必要に応じて議案審査時の委員間討議の事前調整会（非公開）を実施
中5日	議案・監査委員意見書質疑通告締切
【本会議第2日】	①議案質疑、委員会付託 ②本会議終了後、監査委員の意見書に対する質疑応答（非公開、答弁は議選監査委員と監査事務局長）* ③終了後、決算審査に係る委員間討議調整会（非公開）
中15日	決算特別委員会（決算審査は一般会計、特別会計、企業会計の順）（審査終了後、委員間討議を行い、理事者への申し入れ、意見書、決議等を調整） 一般質問通告締切、討論通告締切
【本会議第3日】	①本会議：委員長報告・質疑、討論、採決、採決後、議員派遣、継続審査申出、一般質問（原則1日最大5名、超える場合は第4日を使用） ②議員協：本会議30分前開催、採決等の運営説明
【本会議第4日】	一般質問（5名を超えた場合に使用）、閉会

注1：西脇市議会資料より作成。標準日程のうち第3回定例会（9月）をとりあげた。下線部は、一般質問の前に議案審査・討論・表決手続きが挿入されていることに注意を喚起するためのものである。
注2：本会議8日前、および表の「中×日」には、土日も含まれる。
＊議選監査委員と議会との連携ができていることに注意していただきたい。

51　執行機関への資料要求は、原則として常任委員会①で行うものとし、同一日に開催する常任委員協議会を最終とする。なお、説明員は実務レベルの職員とし、副市長の出席は求められていない。
52　常任委員会①と同一日に開催している。論点は、必要に応じて立てるものとし、必ずしもすべての議案に論点を立てる必要はない。

【本会議での討論の充実：同一議員討論３回の制度化：取手市議会の挑戦】

　議案審査充実のために、委員会での議員間討議とともに、討論を充実させることも必要である。取手市議会は、表決の前の討論では同一議員の１回限りではなく、３回までとしている（表12）。表決にあたって論点を明確にするためである。委員会での議案審査において議員間討議の充実を本会議でも実現する手法の１つである。委員会では議員間討議を行っているため討論は１回となっている。なお理論上、論戦を前提とした討論によって議員

表12　論点を明確にするために本会議での討論を３回に（取手市議会）

【2015年第３回定例会（９月議会）（請願第23号、陳情第58号から陳情第61号までを一括議題)】
○議長（入江洋一君）以上で、委員長報告が終わりました。
〔質疑、<u>１回目の討論略</u>〕
　それでは、<u>２回目の討論を行います</u>。討論ありませんか。
○12番（細谷典男君）陳情第61号について、関戸議員の賛成討論について、反対の討論をいたしたいと思います。
○議長（入江洋一君）反論の討論は。
○８番（関戸勇君）ただいまの細谷議員の討論について、反対の点から、お話をしたいと思います。
○議長（入江洋一君）ほかにありませんか。〔「なし」と呼ぶ者あり〕
○議長（入江洋一君）討論なしと認めます。これで２回目の討論を終わります。それでは、<u>３回目の討論を行います</u>。討論ありませんか。
○12番（細谷典男君）関戸議員の賛成討論に再び反対をしたいと思います。
○議長（入江洋一君）反論の討論はありませんね。
ほかにございませんか。
〔「なし」と呼ぶ者あり〕
○議長（入江洋一君）討論なしと認めます。これで３回目の討論を終わります。以上で討論を終わります。

注：取手市議会議事録より抜粋。抜粋にあたって、論点・内容は省略した。また、委員長報告、質疑、および１回目の討論は省略した。なお、一議員の複数回の討論を明確にするために下線を付した。

が意見を変更することも想定できる。

　このようにすれば、本会議での表決前の討論でも議論がかみ合い論点が明確になる。単なる「独白」とでもいうべき討論を、議員間討議に類似した方式に変更させている。なお、討論による議員の意見の変更可能性は、強固な会派制の場合には表決の前に休憩による会派内調整が必要となる。

【同一議員討論３回と自由討議：蔵王町議会の挑戦】

　議案審査を充実させる手法の１つに、討論の前に自由討議を挿入することである。宮城県蔵王町議会は、議案審査を充実させるために、討論１回の原則を撤廃し３回まで可能とするとともに、自由討議を議案審査に挿入した[53]。

　委員会に付託しない場合[54]、本会議で上程後すぐに審議がはじまる。手続きでは、質疑終結後に自由討議が行われ、その後に討論が行われるが、同一議員が３回まで可能である。それを踏まえて、表決が行われる（最終日ではない）。自由討議にあたっては、議員による発議と議長によるものがある。同一議員討論３回と自由討議両者は、議案審査を充実させるために制度化されたが、自由討議によって論点が明確になることもあって、討論３回は最近では行われていない。

　会議規則では、「質疑終結後、動議があったとき又は

53　定数15で、会派制は採用されていない。また、原則委員会への付託は行われていない。蔵王町議会は討論を同一議員３回までとした（会議規則51（現52）条、2010（平成22）年９月10日即日公布施行）。また、さらに充実させるために議員による自由討議を挿入した（会議規則51条、2011（平成23）年３月９日即日公布施行）。
54　予算、決算を特別委員会に、陳情請願は常任委員会に付託している。

議長が必要と認めたときは、会議に諮って自由討議を行うことができる。」と規定されている。この自由討議は、傍聴は可能であるが、休憩中に行われている。会議規則で明記されているので、休憩ではなく自由討議を行い議事録に記載すべきであろう。

　なお、議案審査を重視すれば、日程にも注目することになる〔→第3章1、2〕。

第4章　住民自治を進める質問・質疑のもう一歩：政策サイクルを意識する

> 第4章のポイント
> ○論点1：今日の議会運営における質問重視の意義と限界を探るとともに、その打開の方途を再確認する。
> ○論点2：議会からの政策サイクルを充実させる質問・質疑を活用する（議会力のアップへ）。
> ○論点3：質問・質疑を充実させる議会からの政策サイクルを活用する（議員力のアップへ）。
> ○論点4：議員力と議会力の相乗効果（ウィン・ウィン）を意識し、活用する。

1．政策サイクルを充実させる質問・質疑

【地域経営上の質問・質疑の弱点の克服の視点】

　本著では、議会力・議員力アップのため質問・質疑を検討してきた。とはいえ、質問・質疑は、議会からの政策サイクルの充実を侵食する要因が運営上組み込まれていることも指摘してきた。

　α地方自治体の二元制は、議会と首長との癒着や激しい対立が日常化すると、質問・質疑が形式化する（いわゆる長老議員が質問をしないこともここに含まれる）。

　β これに加えて議員間討議を軽視する議会運営が、議会の分断化要因となっている。

　γ 質問が議員にとっての「最もはなやかで意義ある発言の場」という認識の下で、最も重要な議案審査が軽視されている。

こうした構造・運営を視野に入れながら、aについて
は機関競争主義（二元的代表制）の認識と議会基本条例
等の制定によって打開の方途を探るとともに、本著の問
題意識である「質問・質疑を政策資源として活用する」
ために、$β$と$γ$を主題的に議論してきた。議会からの政
策サイクルはa、そして$β$の打開策の１つである。そこ
で、いままで改革を検討してきた新たな質問・質疑を議
会からの政策サイクルに埋め込み、そのことでそのサイ
クルを充実させる手法を再確認しよう。

　質問・質疑が議員それぞれの重要な活動であること
は、否定しない。自らのポリシーを政治の場に登場させ
る重要な道具だからである。しかし、本著ではそれを議
会機能の中に位置づけそれらを強化すること、そしてそ
れによって地域経営が充実することを提案している。

　なお、議会からの政策サイクルを充実させる質問・質
疑を確認することは、逆にそれが質問・質疑を充実させ
ることでもある。

【新たな質問・質疑による議会からの政策サイクルの進展】
　議会からの政策サイクルは、今日政策提言（政策形成）
だけではなく政策過程全体にわたって議会がかかわるこ
と、総合計画を地域経営の軸として財政にもかかわる。
政策形成サイクルから政策サイクルへのバージョンアッ
プである。少なくとも次の４つの要素がある。
　①住民の意向を尊重して議会の役割（提案・監視）に
　　活用するが、この住民意向の聴取（議会への住民参
　　加）は政策過程全体にわたって張りめぐらされる。
　②住民の意向を踏まえて政策提言する。
　③住民の意向を踏まえて監視に役立てる。決算の充実
　　から予算提言、その監視などである。

④この政策提言・監視には総合計画を重視する。これ
らの４つの要素によって構成される政策サイクルを
充実させる質問・質疑（そして討論）を考えたい。

〈住民の意向を政治の場に登場させる質問・質疑〉
　議会からの政策サイクルで重要なことは、住民の意向
がサイクル全体に張りめぐらされていることだ。そもそ
も、選挙で選出された議員の意見、それに基づいた質問・
質疑も住民の意向であるが、それだけを主張すると機関
として作動できない要因でもあった。そこで、質問・質
疑を政策サイクルに挿入することを確認する。本著第１
部のまとめの意味もある。

〈議会からのサイクルを充実させる質問〉
　質問だけではなく議案審査の重要性に鑑み、議事日程
では議案審査を先にすることも想定してよい（兵庫県西
脇市議会〔→第３章１〕）。委員会代表質問は質問を議会
からの政策サイクルに組み込むために発見された（岐阜
県可児市議会〔→第２章１〕）。
　そのほか質問によってサイクルを充実させる手法とし
て、定例会（定例会議）の事前には質問調整制度（神奈
川県茅ヶ崎市議会〔→第２章４〕）、意見交換会もある（福
島県会津若松市議会〔→第２章４〕）。それをさらに進めた
一般質問検討会議（質問者間で相互に質問を磨き上げ、
論点・争点の補強、修正、戦略を練る議員間討議）が開
発されている（北海道別海町議会）〔→第２章１〕[55]。この
文脈では、住民の意見を踏まえて全員協議会で一般質問

55　このほか一般質問研修会、委員会代表質問、一般質問反省会・追
　　跡質問が行われている。

の担当も決めることもある市民フリースピーチ制度も含めてもよい（犬山市議会〔→第２章１〕）。また、通告書・答弁書案の全議員・住民への公開（沖縄県中城村議会〔→第２章４〕）、もある。

　同様の目的として、定例会（定例会議）の事後には、質問の反省会（会津若松市議会〔→第２章６、第３章１〕）、追跡質問システム（北海道芽室町議会〔→第２章１〕）、それらを踏まえた委員会での所管事務調査がある。首長等による「検討事項」への報告義務もここに加えてよい（長野県飯綱町議会〔→第２章６〕）。

〈議会からのサイクルを充実させる質疑〉
　議員それぞれの質疑ではあるが、議員同士の討議を通じて議会の審議として広く捉える。まず、議員間討議によって論点整理を行うことは重要である（兵庫県西脇市議会〔→第３章２〕）。定例会（定例会議）の事前（閉会中）に事前準備として、決算・予算審査の準備がある（会津若松市議会〔→第２章６〕）。会期中（定例会議中）では、議員間討議が重要な位置を占めることは、本著で何度も強調している。これによって、議案審査では重要な附帯決議・要望的意見が生み出される。サイクルを充実させる質疑の事後検証として、反省会はもとより、議案審査の事後評価（附帯決議や要望的意見の事後評価）も模索されている（会津若松市議会では、これらの決議・意見の行政による対応を調査している）。議会による提言の対応の義務付け（行政対応結果報告書）とそれを踏まえた審議もある（岐阜県可児市議会〔→第２章１〕）。

〈議会からのサイクルを充実させる討論〉
　討論の複数回による論点の明確化が模索されている[56]。

１議員３回まで認められ論点を明確にしている（茨城県取手市議会、宮城県蔵王町議会〔→第２章５〕）。そもそも、討論の「目的は、自己の意見に反対する者及び賛否の意思を決めていない者を自己の意見に賛同させることにある」のであれば（全国町村議会議長会　2023：145）[57]、じっくり討論を重ねる必要がある。討論３回の試みは、その方向に舵を切ったものといえよう。

〈質問・質疑の評価を充実させる住民からの評価〉

議会からの政策サイクルの評価は、さまざまに模索されている。質問・質疑の評価は独自に行われなければならない。評価は、最終的には選挙である。その評価がスムーズにできるシステムを考えなければならない。『議会白書』の中の議員による自己評価は有用である（ただし、自己に厳しい議員ほど自己評価が低くなる）（北海道福島町議会）。住民からの評価として、議会モニターによる評価がまずもって考えられる。北海道別海町議会の質問の改革は、個々の議員の質問・質疑のテーマ・内容ではないが、質問の少なさを議会モニターから批判されたことから始まった（『議会だより　べっかい』第92号（20年２月号））。北海道鷹栖町議会は、傍聴者に質問の評価を行うユニークな実践を行った[58]。それによる質問（質疑）の改革が行われているかを含めた検証を期待したい。

なお、筆者は議会改革について第三者評価や住民によ

56　討論１回についての厳しい批判がある。佐々木健悦「〈私の視点〉地方議会の審議　熟議阻む『討論１人１回』」『朝日新聞』2021年２月２日付。

57　そもそも１人１回の討論は「２回以上の討論を重ねると、理論を離れて感情論に流れるおそれが強く、必ずしも賛成、反対の意見を徹底させることにもならないし、議事整理上の上からも適切」（全国町村議会議長会　2019：143）だからという指摘がある。感情的にならないで、理路整然と討論を重ねればよいことだ。

る評価を提起しているが、質問・質疑に対する議員や住民の評価については留意点がある。すでに指摘したように、質問は議員にとっての「最もはなやか」な場であると同時に、「住民からも重大な関心と期待を持たれる大事な議員活動である」（全国町村議会議長会　2023：155）。このことは、住民は支援を行っている議員がどのように住民の利害（地域や分野）を政治行政の場に登場させるかに関心がある。すでに指摘した議会の分断化要因にもなる。鷹栖町議会の住民による一般質問評価は、評価項目を明確にしているために、こうした個別利害の実現の評価とは距離がある。

　議会からの政策サイクルに組み込まれた質問・質疑を評価するには、その全体像を十分に示さねばならない。議会改革は、住民とともにあることの再確認である。同時に、このことが市民教育（政治教育・主権者教育）の本道であることを示している。

２．質問・質疑を充実させる政策サイクル

【質問・質疑を充実させる政策サイクル】

　議会からの政策サイクルを充実させる質問・質疑について確認した。これは、逆に（正確には同時に）議会からの政策サイクルが質問・質疑を充実させることでもある。そこで、この点にスポットを当てて検討したい。

　従来の質問・質疑は、個々の議員に委ねられていた。住民（支援者）の意向、議員の心情に基づき、議員は質問・質疑を行う。「議員のはな」である質問が重視される。

58　このほか、「朝から生ギロン」「哲子の部屋」「沢口仁探検シリーズ」など住民が興味を引くようなネーミングで定例会の開催を知らせるチラシを作成している。どちらも、住民に関心を持ってもらうことを目指している。

質問・質疑に対して首長等による答弁が行われる。その成果は、「与野党関係」による（首長に近い「与党」議員の提案が実現しやすい（執行機関から「よいしょ質問」の依頼もある））。こうした従来の質問・質疑は、議会がまとまらない要因として機能してきた。これでは、質問・質疑の効果は限定的である。

それに対して、議会からの政策サイクルを導入すると次のようになる（詳細は次項）。住民Ⅰ（支援者）・住民Ⅱ（意見交換会等への参加者など）の意向、そして議員の信条・公約を質問・質疑に活かす。議員個々人とともに、委員会としても活用する。たとえば、それらのテーマを委員会の所管事務調査として議会の提言、監視の素材とする。ここからこぼれたテーマを議員個人の質問・質疑の項目とする。その後の質問・質疑の反省会（検討会）や追跡調査等もサイクルに組み込まれる。議員の質問・質疑を超えて、議会のものとなる。それによって、質問・質疑は重層化・豊富化する。このことをより詳細に確認しよう。

なお、質問・質疑の重層化・豊富化とは、ａ質問・質疑の質的向上、ｂ質問・質疑の戦略的文脈の設定（質問・質疑が関連付けられ、地域課題・テーマが抉り出される）、ｃ議会からの（個人や会派を超えた）質問・質疑による首長等への圧力の強化（緊張感の向上）、が想定される。ａ、ｂによってｃが生まれる。

【サイクルによる質問・質疑の充実の手法】

表13は、議会の作動が質問・質疑を充実させることを理解するために作成している。議会からの政策サイクルを軸に（左欄、とくに住民との関係の制度には◎を付している）、それが質問・質疑を充実させること（右欄）

表13　議会からの政策サイクルによって充実する質問・質疑

【前提】機関競争主義＝議会からの政策サイクルの作動（議会基本条例にルールを明記）
＊総合計画を軸、監視から提言（地方財政等）、首長提案の説明義務を踏まえた質疑

	議会	質問・質疑の充実
事前	○選挙後の公約についての議員の意見交換会による情報共有 ○委員会・政策討論会分科会等による調査研究・所管事務調査を踏まえた提言・論点整理（想定される議案も含める） ＊非公式の研究会も含む（いわゆる議員連盟） ◎住民との意見交換会 ◎参考人・公聴会（閉会中）	●住民の意見聴取を踏まえた質問のヒント、質疑案の充実 ●機関としての議会からの質問・質疑の準備（委員会代表質問等） ●そこからこぼれたテーマの質問・質疑（会派代表質問・一般質問）（非公式の研究会を踏まえた質問・質疑を含む）
直前	○通告制による質問・質疑の調整（重複調整制度） ○質問予定者・項目の掲示・HP公開（答弁案も含める） ＊議案の案の公開とそれに対する意見聴取 ◎通告項目（議案の案を含める）に対する意見聴取	●住民の意見聴取を踏まえた質問のヒント、質疑案の充実 ●質問（・質疑）の重複テーマの事前調整による戦略的質問準備 ●議員の意見交換（検討会議）による質問（・質疑）のバージョンアップ
定例会	○一問一答方式、対面式議場 ○議案審査の場合、執行機関による答弁を除いて、執行機関抜きの議員間討議による修正・附帯決議（委員会の要望的意見）の重視 ◎重要議案のHPによる公開後の意見聴取 ◎参考人・公聴会開催（疑似も含む） ◎傍聴者からの質問・意見（休憩中だけではなく、議会開催中にも） ◎傍聴者からの意見（アンケート）	●住民の意見聴取を踏まえた質問のヒント、質疑案の充実 ●関連質問（戦略的質問） ●議案審査における議員間討議による質疑の充実 ＊議員・会派による想定問答作成による論点の明確化
事後	○反省会（検討会） ○追跡調査 ○委員会の所管事務調査等 ◎参考人・公聴会開催 ◎住民との意見交換会	●反省会による質問・質疑のバージョンアップ ●質問・質疑を議会の政策課題に位置づける（追跡調査による質問の実現手法）

注1：この表は、定例会（定例会議）を中心に事前と事後という連続を意識したものである（定例会議以前（事前）を出発点）。定例会や、定例会後（事後）を出発点とすることなど、連続性を意識しその都度修正して考えていただきたい。なお、この表は定例会開催を念頭においている。通年議会・通年期制でも同様に活用できる。

注2：質問・質疑の重層化・豊富化とは、a質問・質疑の質的向上、b質問・質疑の戦略的文脈の設定（質問・質疑が関連付けられ、地域課題・テーマが抉り出される）、c議会からの（個人や会派を超えた）質問・質疑による首長等への圧力の強化（緊張感の向上）、が想定される（本文参照）。

注3：＊は、留意点である。そのうち「想定問答」は通常、答弁を行う執行機関が作成するが、ここでは、議員・会派による質問（本著では質疑も）に対する答弁を踏まえて議員・会派が再質問等を行う場合の「想定問答」を想定している。なお、答弁案が公開されている（事前に入手可能な）場合は、その後の答弁案を踏まえた想定問答である。

を意識している。議会からの政策サイクルは、機関として
ての議会（人格を持った議会）が作動することではある
が、それには総合計画を常に意識すること、監視から政
策提言を重視した質問・質疑、そして首長提案の首長に
よる説明義務を踏まえた質疑が重要なことを想定してい
る（表13の【前提】）。議会からの政策サイクルの充実が
質問・質疑の充実につながる論点の詳細は、表13を参照
していただきたい。原則的な取組みを説明する。

①定例会（定例会議）の事前：委員会等の所管事務調査
による委員会代表質問準備、委員会での事前の論点整
理を踏まえた質疑準備が行われる[59]。ここからこぼれ
た論点についての議員個人の質問・質疑は、それらと
ともに実施されるので重層的になる。議会報告会等に
よる住民の意向を政策サイクルにのせることは重要で
ある。これとともに、選挙の際のそれぞれの議員公約
の情報交換会は、議員間の問題意識の共有にもつなが
る。それによって、所管事務調査や非公式の議員連盟
の調査研究が充実する。
②定例会の直前。重複質問調整制度が想定される。調整
だけではなく質問のバージョンアップを目指す「一般

---

59 本著で指摘しているように、議会独自に予想される議案の論点を
明確に知るという意味での事前の論点整理である。会津若松市議
会の予算審査・総合計画にかかわる審査準備や、事前に入手した
行政の意向（議案提出の予定のテーマ）の所管事務調査を踏まえ
た論点整理である。事前審査ではない。事前審査を厳しくとる議
会もあるが、事前審査の問題点は、「公開と討議」という議会の
存在意義が軽視されることである。議員が課題を設定し事前に準
備することは、議会審議を充実させることはあれ、何の問題はな
い。アンテナを高くしている議会ほど「ど真ん中」の準備ができ
る。逆に、「公開も討議」も不十分な議会ほど、「事前審査」を問
題として強く主張するように思われる。

質問検討会議」なども必要だ[60]。質疑をめぐる事前の論点整理は、同様な意義がある。また、事前通告書（答弁案も含めた）の議員や住民への公開により、住民や議員からのコメントを求めることが可能となる。

③定例会中。重要な議案（市民サービスに大きな変化をもたらすような条例や事業）について住民から意見を聞く場を設ける（議案に対する意見募集）（三重県四日市市議会）。住民からメール等で意見を募り、その意見を委員会での審査が行われる前に、全議員に配付する。質疑の際の論点の明確化に寄与する。なお、定例会の前に議員に提示される（全員協議会等において）議案（正確にはその案）を住民に提示し（会期前）、住民から意見を募集すれば、議案審査に活用でき審議は充実する。参考人・広聴会を活用する。

④定例会の事後。質問の反省会（検討会）は、重要である。それに、定例会等を傍聴した住民からのアンケート（通信簿）を各議員だけではなく、議員同士で活用したい（他の議員の成功例・失敗例が確認できる）。追跡調査（応答システム（長野県飯綱町）も含めて）や所管事務調査の課題に活かすシステムは、質問を議会として位置づける重要な手法である。同様に、質疑についても事後に評価と課題を探ることは必要である。

60　一般質問検討会議とは、北海道別海町議会が一般質問を原動力として政策議会への変化をめざした5つの実践のうちの1つである。それ以外の4つは、本稿で参照している試みと重なるので省略するが、その実践をHP等でぜひ参照していただきたい。その実践にかかわった、土山（2021）を参照していただきたい。なお、成果を自分のものだけにしたい議員は、こうした事前の検討会議には消極的だという見解もありそうである。しかし、他の業界では日常的に行われている。他者からのコメントをもらうことで、自らの見解・手法を鍛え上げられる。自らのメリットとなるからだ。

質問・質疑の充実には、政策サイクルが重要なことが理解できる。質問・質疑の充実を単発ではなく、サイクルの中に位置づけるとその充実度は高まる。

3．議員力と議会力の相乗効果の条件

【質問の充実と政策サイクルの充実の相乗効果の条件】

質問・質疑（質問と一括）が議会力をアップさせ議会からの政策サイクルを豊富化させること、そして議会からの政策サイクルが質問を豊富化させることを強調してきた。議員力と議会力の相乗効果である。

議会は、支援者の意向を受けて活動する議員の寄せ集めではない。議員は常にその支援者に拘束される代理人（質問を議員の「はな」と考える思考に直結：議員の使命Ⅰ）ではない。逆に、一度選出されれば、住民の意向と切り離されて議員が独自に思考し・行動し・表決する信託という議員像（議員の使命Ⅱ）でもない。

本著では、一部の支援者から拘束されるわけでもなく、同時に議員が住民の意向と切り離されて勝手に行動してよいわけではないと考えている。議会は住民と議員、そして首長等がともに討議する空間＝フォーラムである（江藤　2016：第3章）〔→第2部第5章、第6章〕。本著で質問に注目するのは、議会の分断を促進する議員の「はな」というイメージを払しょくし、議員と議会のパワーアップをはかる（相乗効果）ためである。それによって、質問の意義を再検討することで住民自治のイメージを大きく変えることも意図している。そこで、その相乗効果の条件を提起する。結果責任とマニフェストである。

【結果責任の説明責任：議員の「自己満足」を超えて】

　「自己満足」と失礼なタイトルを掲げたが、政治は成果、いわば結果責任が問われる。

　「議員は、選挙で選ばれた。その議員は重要なテーマを質問で取り上げることが仕事だ。それで政策は実現できるし、できなくともそのパフォーマンスが必要だ」。時々聞かれるこのような議員の自負は重要だし、質問の中にはきらりと光るものがある。

　このような議論は、支援者が議員を選出し選出された議員は、支援者の意向を議会という場で首長に要望する。この発想を筆者が「自己満足」としているのは、この構図にとどまってよいと判断する議員と住民に注意を喚起したいためだ。これでは、首長への要望を実現するには、首長との癒着（「与党」という意識と実際）が不可欠である。これでさえ、どの程度実現性があるかは定かではない。逆に、反対だけをアピールする場となることもある。

　質問を重視したこうした議員の個人プレイでは、議会の分断を促進する。それを回避するのが機関としての議会の作動である。本著で強調しているように、相乗効果が議員の政策提案の実現性を高める（議員の使命Ⅲ：住民・議員・首長等によって構成されているフォーラムとしての議会を意識）。議員の矜持を保つとともに、政策実現能力でも有用である。質問による議員と議会のウィン・ウィンの関係の構築である。

　議員は支援者に対して、政策の実現性や結果を説明する責務を負う。議員の使命Ⅰ（代理人思考）では、そして議員の使命Ⅱ（住民の意向をそれほど省みない信託思考）でも、「やったやった詐欺」か「相手が悪いという説明」にあけくれる。

議員の使命Ⅲでは、説明には議員の行動も議会の作動も含まれる。当該自治体の二元的代表制の作動、力関係（会派配置等）などの政治的構図を説明しつつ、自らの政策の妥当性とその達成のために機関として議会を作動させた努力を説明する。そして、この説明には政策が実現したかどうかの説明が不可欠だ（江藤　2012a：第2章）。議員・会派の政策内容だけではなく政治的磁場を説明する。この結果責任は、その磁場の説明が前提となっている。議会運営を転換させることを意図した、議会改革の本史と連結する。

【選挙による質問の輝き：ローカル・マニフェストの再生】
〈マニフェストの意義〉

住民への説明には、結果の説明を伴う。その結果責任は最終的には選挙によって住民から判断される。マニフェストを議会運営に活かし、その結果を住民に説明することによって、最終的には選挙によって4年間の活動が評価される。もちろん、最初の立候補の際は、議会活動の期待値、経歴等での評価となる。どちらにせよ、議員はマニフェストを実現するための議会・議員活動を行う。

選挙後の臨時議会でマニフェスト発表会を行って共通認識を持ち、またマニフェストに基づく質問を議会の政策資源として活用する。それらはマニフェストの実現性を高める。

選挙で始まり選挙で終わるサイクルでは、マニフェストが重要な素材となる。換言すれば、結果責任を果たすために説明し最終的には住民の審判を仰ぐ。起点がマニフェストである。このマニフェストには少なくとも次の要素が想定できる。個人の心情・地域課題・住民の意向、

自治を担う「フォーラム」としての議会

財政を視野に入れた政策の優先順位（縮小政策も含む）、
総合計画・地方版総合戦略との関連（そして自治・議会
基本条例への評価）、である。

〈マニフェストの誤解〉

　本著では、マニフェストを住民からの審判の重要な素
材としている。政策型選挙の実現を目指しているからで
ある。地域代表・業界代表といった人をめぐる選挙でも、
また単なる願望（口約、ウィッシュ・リスト）でもない。

　もちろん、政策型選挙を実現するのは容易ではない。
大選挙区単記制度は（政党選挙でもなく、個々人の争い
となる有権者による一人一票）、立候補者の政策の相違
を見えにくくする。また、二元的代表制は多数派形成の
ための時間と労力を必要とする。

　こうした制度・構造があることで、マニフェストの要
素の１つである実現期間は設定しにくい。とはいえ、議
員・会派マニフェストを議会力アップに連動させる視点
と運動が必要である。マニフェスト運動の広がりは、そ
の連動を強化する歴史的な実践である。ローカル・マニ
フェスト推進連盟は、着実に活動を続けている。マニフ
ェスト大賞は、2023年で18回を迎えた。

　さまざまな実践が歴史に刻み込まれている。会派を意
識しつつも議員個人のものを加味したマニフェストを選
挙時に発表し、常にそれを意識した質問やその他の活動
を行い政策実現との関連を選挙前に住民に説明し、次期
のマニフェストの豊富化に活用した甲府市議の佐野弘仁
さん（第13回マニフェスト大賞優秀マニフェスト推進賞
〈議会部門〉、2018年）。また、８本の条例制定を明記し
た会派マニフェストを作成配布し、他の会派と協力しな
がら条例制定を目指しその成果を説明しながら、次期選

挙時のマニフェストを豊富化した自由民主党横浜市支部連合会・自由民主党横浜市会議員団、などがある（同上、第18回では新たに受賞している）[61]。

　議員・会派マニフェストは、着実に広がっている。しかし、この状況でも議員・会派のマニフェストは効果がない、あるいは無意味だと主張する議論が散見される[62]。しかし、政策型選挙を志向するのであれば、課題はありつつもマニフェストの実現性、つまり機関としての議会の政策資源に活かす視点と実践が必要である（江藤　2006（増補版2007年）：115－124、江藤俊昭「『自治体議会学』のススメ（122回〜126回）」『月刊ガバナンス』2019年5月号〜9月号）[63]。議員・会派マニフェストを消極的・否定的に評価するのであれば、政策型選挙を実質化する別の手法を開発しなければ、現状肯定にならざるをえない。今日広がるマニフェスト推進運動は、課題はあるにせよこの政策型選挙を実質化する理論と実践の試みである。

　なお、この運動の実質化にはマニフェストの作成の支援の制度化が不可欠である。犬山市や多治見市などでは、

61　第13回受賞結果 | マニフェスト研究会（http://www.local-manifesto.jp/manifestoaward/）
62　議員には執行権はないからだという議論だ。選挙だから議員・会派が主題化されるが、議会には執行権はない。その執行権は、原則的に議会の議決によって作動する。マニフェストを素材として議会の議決をすれば、執行権よりも強力だ。そのプロセスが従来明確ではないために、中央集権型思考に基づいた執行権優位の発想の下で、議員マニフェストが軽視・敵視される。なお、議員マニフェストを否定的に評価する論者でも、会派マニフェストは肯定的に評価する論者もいる。議院内閣制をイメージした議論だろう。これらの議論ではイギリスの政党マニフェストが念頭にある。マニフェストは、政権選択には妥当しても、二元代表制にはなじまないという議論が根底にある。
63　ローカル・マニフェスト運動の初期の紹介として財団法人東京市政調査会（2006）がある。議員マニフェストを否定的に評価する議論も含まれている。

制度化している（たとえば多治見市「マニフェスト作成の支援に関する要綱」2005年）。北海道浦幌町議会が主催した政治スクールでは、総合計画を含めた計画、予算・決算、選挙の手続き・準備等とともに、マニフェストの作成の仕方の研修が行われた（2018年度）。2023統一地方選挙前に栗山町議会が開催した「議員の学校」も同様である（2023年）。なお、これは議会モニターの提案から生まれた。

　マニフェストによる政策選挙は、議員の行動規範を創造し結果責任の素材となる。同時に、マニフェストは住民が政策型選挙を意識し、監視力を高める道具となる。結果責任を評価する素材だ。主権者・市民教育と連動する。本著で検討している質問の意味転換は、議会のイメージ転換を促す。ぜひ議論を巻き起こしてほしい。

第2部　質問・質疑を充実させるフォーラムとしての議会

第5章　質問・質疑を充実させるフォーラムとしての議会

　本章の論点：フォーラムとしての議会の意義、それが希求される根拠

①住民、議員（議会）、首長等（等には行政委員会・委員のほか職員などの補助機関を含む執行機関）による三者間の討議空間（以下、三者間関係と呼ぶこともある）であり[64]、それぞれが地域経営に主体的に関与する（政策提言・監視）ことである。議会は議決権の行使が最大の特徴である。それを行うにあたって、住民や首長の意向を聞き判断するだけの受動的な対応ではその役割を発揮できない。主体的に調査研究を行い自らも積極的に提案・監視を行う。

②提起するフォーラムとしての議会は思いつきではない。時代が要請している。縮小社会は三者の総力戦が必要でその連結の場であること、議会からの政策サイクルが充実した三者間関係を求めていること、討議の場には関与する三者が多様である

64　議員（議会）としているのは、議員によって構成された議会が「人格を持った議会」（機関としての議会）として意見（決議等）を示すこと、そして最終的には議会が議決することを想定しているためである。

こと。これら今日の新たな動向がフォーラムとしての議会を求めている。

1. 質問・質疑とフォーラムとしての議会

【質問・質疑の意味転換】

　質問は、議員にとって、そして住民とって「最もはなやかで意義ある発言の場」である。質問は重要である。きらりと光る質問の作成についても検討してきた。同時に、それはチーム議会を侵食する課題もあった。そこで、質問、そして質疑を「議員個人のもの」から「議会のもの」へ変換させる手法を考えてきた。

　質問は、中長期の提案であり、いまそこにある重要テーマが議案審査である。そこで、どちらも重要だ。質問重視を議案審査に重要度をシフトすることを提案している。そして、一般質問、会派代表質問、そして質疑を個々の議員や会派からのものではなく、議会のものとして活用することも提案している。議員力と議会力、それぞれのアップの相乗効果を図ってきた。まさに、住民、議員、首長等による三者間の協働・競争関係による相乗効果を図ることを想定している。すでに第1部で取り上げた事項の一部を確認の意味で例示している。

　〈住民—議員・議会〉の連携強化による質問力・質疑力アップ：支援者からの要請、議会報告会・住民との意見交換会、市民フリースピーチ、パブリック・コメント、陳情・請願、参考人・広聴会等。

　〈議員間〉の連携強化による質問力・質疑力アップ：重複質問調整・戦略的質問、議員間討議による質疑の論点整理・委員会代表質問準備等。

　〈議員—首長等〉の連携強化による質問力・質疑力ア

ップ：一問一答方式等の運営の変更、首長による説明義務の実施、通告・答弁案の情報共有、会派代表質問・委員会代表質問。

〈住民—首長等〉の連携強化による質問力・議会力アップ：多様な住民参加の開発と実施（公募制・無作為抽出、答申等の尊重）を議員の質問・質疑に活用。

これらの関係によって、議会からの政策サイクルはバージョンをあげるし、それによって質問・質疑は充実する。なお、住民運動、住民団体による提案も質問・質疑に活用できる。住民・議員・首長等による三者間関係は、議会からの政策サイクルのバージョンアップになる。それはこの第2部で議論するフォーラムとしての議会である（江藤　2016）。

【フォーラムとしての議会のイメージ】

筆者は、『協働型議会の構想』（2004年）を上梓した際に、多くの研究者からその実現性に乏しいと指摘された。そこで、実際にその方向は動き出していたことを強調したいために『自治を担う議会改革』のサブタイトルに「協働型議会の実現」を付した。その「はじめに」でアメリカ合衆国の一都市の議会を紹介した（江藤　2006（増補版2007））。筆者は、「でわのかみ（出羽守）」（〜では、〜では、というように海外などの事例を紹介するだけ）は避けたい。また、そこから理論を組み立てることは極力避けてきた（参考にした理論はある）。ただし、イメージをつかむためには有用だと考えている。論点だけを指摘しておきたい。アメリカ合衆国の場合、自治体ごとに制度も運用も異なる。諸外国の事例を参照するのは、イメージをつかむためのものである。

たとえば、ある市では議場は教室形式で、前に議員が

7名（議長としての市長も含めて）、生徒席に住民、その間の側面にシティマネージャ等（執行の担当者で議会によって任命される：議会が執行機関を兼ねるので補助機関）の席がある。月に二回、夜間開催される。議題は二週間前に提出されている。議事進行は、議長＝市長が担う。

　開会時間は19時。最初の15分は、議題にないことを住民が提案・要望を行う時間である。言いっぱなしではなく、議員からの質問や、シティマネージャによる対応もある。この時間帯に筆者は議員に質問させていただいた（メールで調査しようと思っていたが実際に議会に来てくれと言われたこともあって参加した）。その時間帯のルールはかなり緩い。

　それが終了すると、議題の議論に入る。議員からシティマネージャ等への質疑とともに、議員同時の討議も行われる。その間には住民が発言する機会もある。そして、最終的に表決が行われる。一人一人の賛否を明確にする。税金を伴う議題の際以外は、住民の参加は少ない。

　なお、他の市では直接住民が議員に対して提案、質疑・意見が行われる。それに対して、重要な議案の場合、住民同士や専門家が討議し、彼らに対して議員が質疑し、最終的に議員同士が討議し表決することも想定できる。この場合、すでに指摘した教室形式で、議員席と住民席の間に楕円形テーブルが設置される。

【議会からの政策サイクル＝フォーラムとしての議会の確認】

　先駆的議会で議会改革を進める議員の共感は理解できる。住民がどの程度共感しているかはいまだ明確ではない。全国的には、まだまだ期待されていないのではない

だろうか。とはいえ、議会改革を進める議会の中には、住民の共感の傾向も見られる。たとえば、福島県会津若松市議会は、市民との意見交換を行うと、最後に大きな拍手を浴びる。また、愛知県犬山市議会では、市民フリースピーチ（市民が議場で意見表明をして議員と意見交換をする）では、市民が「議会から『民主主義は、市民の希望と参加で始まる、議会に期待して下さい』といわれたので、今回この場に立っている」という発言からスピーチが始まった。希望を持った参加、つまり共感につながる。

　住民自治を共時的（構成要素を確認する横断的）な視点から捉えたフォーラムとしての議会を、通時的に（時間軸で）考えることにしたい。前者は住民自治を進める構成要素、住民、議会・議員、首長等の三者間関係を明確にしている。それに対して、後者は、その三者間関係の実際の作動を中心に検討する。いわば政策サイクルの中に議会を位置づける。議会からの政策サイクルの検討である。この議会からの政策サイクルは、住民がこのサイクルに関与し、結果として住民福祉に貢献するために、住民から共感を呼ぶことを想定している。

【住民によるサイクルの充実】

　住民との意見交換会等での住民の意見をサイクルの充実に活かす議会は広がっている。政策提言の起点とすることは、会津若松市議会の政策（形成）サイクル、可児市議会の「地域課題解決型キャリア教育支援事業」、愛知県犬山市議会の「市民フリースピーチ制度」などがある。

　議案審査に住民の声を活かす手法も開発されている。まさに議会の王道の手法である。議決は議会でしかでき

ないものであり、説明責任が求められるがゆえに議案審査が鍵となるからである。公聴会は法定されているとはいえ、実践している議会はあるが普及していない。議会の日程が大幅に延び、他の議案審査や執行機関の事務にも多大な影響が出ることによるものである。そこで、「広聴会のようなもの」を実践する議会も現れた。

　たとえば、長崎県小値賀町では、議会を休憩にして傍聴者から意見を募ることを行っている。また、三重県四日市市議会は重要な議案についてHPを活用して住民から意見を聞く場を設けている（議案に対する意見募集）。市民の意見を議案審査の参考とする取り組みである。そして、大津市議会は模擬広聴会を条例に基づき制度化した。「市政課題広聴会」である。市民生活に直結する重要な行政課題に関して、「賛成」「反対」双方の立場の市民等から、議場等で意見を聴き、議会としての議論に活かす制度である。

　重要議案に対して、かならず参考人制度を活用して専門家や関係者から意見を聴く場を設けることは、この文脈で理解できる。

　議会からの政策サイクル全体に住民がかかわることで、そのサイクルが充実する。住民の共感はその充実如何である。

　住民自治を進める議会は、議員にも住民にも当事者意識を醸成させ住民自治を創り出す共感の輪を広げる。今回は、それを確認するために、議会改革の本史の動向を確認した。その中で、議員が個別に最も重要な活動として位置づける質問を、質疑とともにサイクルの中に位置づけることを提案した。サイクルと質問・質疑の両者のパワーアップを図る。

2．フォーラムとしての議会の意義

【議会改革とフォーラムとしての議会】

「住民自治の根幹」としての議会は、2つの意味を有している。1つは、根幹だからこそ重要な権限を有している。その議決責任を重視して議会からの政策サイクルを発見し作動させていることである。もう1つは、根幹だからこそ、その「住民自治」を進める主体として登場することである。議会自体が住民自治を充実させる主体として登場する。住民自治を進める主体の1つが議会である、つまり住民自治を進める場として議会を位置づける。住民自治は、三者によって構成される。議会・議員は、この三者間の新たな関係を創出する役割を担う。

「住民自治の根幹」としての議会に由来する2つの議会像は矛盾するわけではない。前者は政策サイクルの作動に連結する。そして、後者の場の設定を議会からの政策サイクルは必要としている。フォーラムとしての議会では、議会・議員は受動的に対応するわけではない。場の提供だけではなく、主体的に政策にかかわる。住民や首長等を討議に積極的に参加させる議会からの政策サイクルの作動が〈フォーラムとしての議会〉である[65]。これによって「住民自治の根幹」に由来する2つの議会像は統合できる。

65　江藤（2016）において、フォーラムとしての議会を提案している。本著では、この視点・内容を豊富化している。この著書において、二元代表制論の陥穽（住民参加の軽視、議会と首長の対立の強調の可能性）からの提起だった。本著では、本文で説明しているように、縮小社会への総力戦としての対応、議会改革の新展開、政治分野における多様性の必要性、といったように時代の要請を強調している（二元的代表制）。

●自治を担う「フォーラム」としての議会

＊本著で議会という用語を使う場合、議員によって構成
される議会と、住民・議員（議会）・首長等によって
構成された討議空間としての議会（フォーラムとして
の議会）がある。一般に前者が議会である（地方自治
法上（自治法第6章）に規定されている議会）。「議会」
を使う場合、前者を指す。後者の議会はフォーラムと
しての議会というように「フォーラムとしての」を付
している。なお、2つの議会は矛盾するわけではない。
議会改革の到達点である議会からの政策サイクルは、
住民の議会への参加（議場内外）、執行機関との政策
競争を豊富化することによって「フォーラムとしての
議会」となる。このフォーラムとしての議会を作動さ
せ、最終的に議会が議決（表決）する。フォーラムと
しての議会は、議会からの政策サイクルを豊富化した
用語＝嚮導概念（先に立って導く議会像）である。

【フォーラムとしての議会の要素・意義・必要性】

　フォーラムとしての議会の要素、その意義、そして要
請される根拠を確認しておこう。

〈フォーラムとしての議会の要素〉

　このフォーラムとしての議会において、議会は住民の
動向や、首長の役割・行政改革も視野に入れる。議会は
開かれた場になる。とはいえ、議会はその主体性を発揮
しなければその役割を発揮できず、信頼されない。この
要素には、議会基本条例に刻み込まれた議会運営、議会
からの政策サイクルの作動、そしてこれらのさらなる展
開のための改革が含まれている。フォーラムとしての議
会の要素を確認しておきたい。
①政策過程において三者が討議できる空間の創造。住民

自治の原則は、一方では二元制から、首長等との討議空間（政策競争）、議員間の討議空間を、他方では直接民主制の導入から議員・首長等と住民による討議空間、によって三者による討議空間が不可欠となる。三者は、それぞれ新たな主体として登場している。それをまとめ上げる場が政策過程には必要である。二者間（住民と首長等との、住民と議会・議員との）の討議空間は育っている。それを促進するのが三者間関係の討議空間である。さまざまな角度からの討議が形成される。

②三者はそれぞれの特性から積極的に政策過程に関与。この討議空間に住民・議員（議会）・首長は参加すればよいわけではない。参加するのは政策の豊富化のためである。そうならば、それぞれは特性を活かして積極的に政策形成に取り組むことになる。議会に即していえば、議員は監視・政策提言力を高める必要があるし、議会としての議会力をアップさせることが必要だ。それらを踏まえてフォーラムとしての議会を主体的に創り出す。三者は、場の設定にあたっても政策議論でも受動的ではなく積極的に参加する。

③政策過程にあたって三者は多様な属性を有する主体として登場。フォーラムとしての議会は、議会からの政策サイクルを豊富化する。これは政策を豊富化するためのものである。そのためには参加者の属性の多様化が必要である。性別（LGBTQ⁺を含めて）、年齢、障がいの有無等の多様性である。残念ながら、多様化は喫緊の課題である。男女共同参画推進法、政治分野における男女共同参画推進法等の制定は、この方向を制度化している。議会は、議員のなり手不足解消とともに、多様な属性を有する議員の登場が課題となってい

る。現行法では、外国籍住民が議員となることは困難だが、議会や行政に参加する場の設置は必要である。

【地域経営におけるPDDDCAサイクルの重要性】

フォーラムとしての議会を充実させるには、PDDCAサイクルの視点と運営が不可欠である。

行政改革や議会改革においてPDCAサイクルの発想は重要であるとしても、地域経営において、PDCAサイクルで軽視されていた討議（deliberation, debate, discussion）のDと決定（decision）のDの２つのDを組み込むことが重要である。それを踏まえないPDCAサイクルの活用は、知らず知らずのうちに行政の論理が浸透する。多くの議会に留意していただきたい論点である。逆にいえば、新たに付け加えた２つのD（討議と議決）を担うのは議会であり、それを無視する発想は議会を行政改革に包含させる。地域経営にとって従来のPDCAサイクルの発想と手法を超えた（内包した）PDDDCAサイクルという新たな発想と手法の開発が必要になっている。

だからこそ、そのサイクル全体にわたって住民が参加することである。議会報告会や住民との意見交換会は、宮城県本吉町議会報告会を視察し参考にした北海道栗山町の実践を踏まえて全国に広がった。地方自治法には規定されていない独創的な手法である。今日、それらとともに、議場本体への住民参加も再考されている。自治法に規定されている参考人・広聴会の充実とともに、陳情請願を住民による提案として受け止め意見陳述を可能とすることや、市民フリースピーチなど住民自治を充実させる独創的な実践が行われている。これらを政策サイクルに張り巡らす手法を創造したい。

【時代が要請するフォーラムとしての議会】

　フォーラムとしての議会は、筆者の思いつきではなく、時代が要請している。それは、総力戦による縮小社会への対応、議会改革の第2ステージのバージョンアップ、政策過程への参加者の多様化、といった要請である。

〈住民、議員、首長等の総力戦による縮小社会への対応〉

　縮小社会に向かう時代が到来している。人口ビジョン・地方版総合戦略や公共施設等総合管理計画が各自治体で策定されている。もちろん、これらの策定は中央集権の強化に連なる方向でもある（法律による縛り等）。この手法の問題を意識しつつ、縮小社会を意識した地域経営が求められている。拡大志向、社会資本の充実を目指した高度成長期とはまったく異なる争点が浮上する。財政投下の優先順位をめぐって住民を含めて考えることを強調したい。たとえば、生活密着型公共施設の統廃合には、住民、議員、首長等による総力戦が必要である。その場が三者による討議空間、つまりフォーラムとしての議会である。

　このフォーラムとしての議会は、単に三者が集うという意味だけではなく、討議の内容が生活に密接に関係していることからすれば、政治の活性化にも役立つ。高度経済成長期に、生活密着型社会資本拡充を目指した、そして環境破壊への対抗といった政治の台頭（投票率の下げ止まり）があった。今日縮小社会の下で、生活密着型社会資本の統廃合（しない時は財政負担）に向けた討議が求められ、それによって政治が住民に近いことを再確認し政治の再活性化を図ることも展望している。投票率の低下、議員のなり手不足問題の深刻化などの政治の衰退の時代に、政治の活性化に役立つ。

〈議会からの政策サイクルのバージョンアップ〉

　今日議会改革は本史に突入している。住民と歩む議会、議員間討議を重視する議会、それらを踏まえて政策競争をする議会の登場である。それは議会基本条例に刻み込まれている。ただし、これはあくまで議会運営上の展開、いわば形式上の改革である。これを住民福祉の向上につなげる必要がある。その１つが「議会からの政策形成サイクル」（会津若松市議会）である。住民の意見を踏まえた政策提言型議会の登場である。

　意見交換会等から住民要望・意見を察知しそれを政策化する。その際、個別のテーマの政策提言を行う。行政にはみえない、あるいは後回しにしている住民にとって切実なテーマの政策提言である。いわば「ニッチ」の政策化である。

　このシステムに大きな変化が起こっている。正確には、従来のサイクルを含み込んだ「議会からの政策サイクル」の構築である。財政や総合計画といった地域経営における本丸をも対象とすること、その際監視を起点とした政策提言（たとえば、決算審議から予算提案・審議）を行うことである。議会からの政策形成サイクルのバージョンアップである。形成（提言）は重要であるとしても、政策過程全体にもかかわるという意味がある（江藤2016、江藤・新川編　2021）。このために、議会からの政策サイクルをより開放的にする。そこで、フォーラムとしての議会が要請される。このバージョンアップの施策は、次章で検討する。

〈政治分野における多様性〉

　討議空間の設置や議会改革によって政策の豊富化が目指される。それを充実させるのは、登場する住民、議員、

首長等の三者の属性が多様化することである。住民・議員（議会）・首長等の多様な人々がこの討議空間に参加する必要がある。たとえば、議会の存在意義は、多様な議員が公開で討議することであるがゆえに、多様性の実現は住民自治にとって、そしてフォーラムとしての議会にとって死活問題である。

3．フォーラムとしての議会のもう一歩

フォーラムとしての議会を構想するにあたっての3つの留意点を確認しておきたい。

1つは、フォーラムとしての議会は、日本の地方自治の原理に由来することである。アメリカ合衆国を例示したのは、イメージを持っていただきたいためである。これは借り物ではない。すでに指摘したように、二元制から首長等との政策競争、議会の意思を示すために議員間討議、直接民主制から行政とともに議会への住民参加が想定できる。今日の議会改革はそれを実現している。フォーラムとしての議会はその延長線上にある。

もう1つは、議会は受動的対応ではなく積極的に対応すること、それによって的確な判断（表決）が可能となることである。住民の意向は尊重するが、議会は受動的に対応するわけではない。議会改革によって生み出された議会からの政策サイクルを作動させて、討議によって論点の明確化、政策立案、監視を充実させる。それは世論形成にも役立つ。首長からの提案や住民からの提案の単なる審判者ではない[66]。議決にとって必要なのは、それぞれの提案を真摯に受け止めるとともに議会は独自に調査研究が不可欠である。

そしてもう1つの留意点は、従来提示されている2つの議会像とはまったく異なることである。2つとは、ア

リーナ型議会と変換型議会である。前者は、議院内閣制の下（例えばイギリス議会）で議会が与党と野党に分かれそれぞれが闘議する。この闘議は、合意形成を重視しない点で、フォーラムとしての議会が重視する討議（熟議）とは大きく異なる。また、後者は、大統領制の下（例えばアメリカ連邦議会）で議員が法案を提出し、討議し表決する。議会、正確には議員の政策立案の役割が重視される。

　2つの議会像のうちフォーラムとしての議会は、変換型議会と親和性があるように思われるかもしれない。住民がその場に入っていないために、アリーナ型はもとより変換型も採用していない。ただし、変換型議会は充実した広聴会（アメリカ連邦議会のように）や首長との政策競争（アメリカ連邦議会では想定できないが）を政策過程に組み込めば、フォーラムとしての議会のイメージに接近する。

＊　　＊　　＊

　次章では、議会の存在意義である「多様性に基づいた公開と討議」の多様性の意義を確認し、住民自治を創造する共感の輪を広げたい。まさに、フォーラムとしての議会の充実を課題とする。

66　かつて、シティズン・ガバナンス（多様な住民参加の制度化＝今後の地域経営の新たな手法）の時代には、議会は調整型議会（コーディネーティング議会）になると提起した。それは、首長からの提案とともに、住民からの提案を議員同士で熟議して結論を出す（表決する）。法的に問題ある事項をチェックし、優先順位などを判定するものである。受動的な対応と誤解されるかもしれない。判定（表決）するためには、調査研究が必要である。けっして議会からの政策サイクルの実践と矛盾するものではない。法的整合性、政策ごとの専門性に基づく決定が必要だが、それを行うには生活感・肌感覚に基づく視点（現場感覚）が必要である。「調整型議会への改革も視野に入れてよい。その場合は、議会が受動的にのみ活動するのではなく能動的に活動するという修正を加えての導入である」（江藤　2004：227）。

多様性に基づいた討議こそ議会の存在意義

　本章の論点：議会からの政策サイクルの豊富化であるフォーラムとしての議会

①フォーラムとしての議会は、議会からの政策サイクルの展開が要請している。一方で討議空間の多様な場の設置が提案される。議会報告会・住民との意見交換会だけではなく、議場本体での参加という場の設置や議案審査など議会運営への参加の手法の開発が求められる（参考人・公聴会の充実、市民フリースピーチ等の設置）。他方で地域経営における総合計画の再確認や政策財務・政策法務など議会からの政策サイクルにおける監視・政策提言力アップのためのさらなる手法が求められる。

②討議空間における参加者の多様化。フォーラムとしての議会には三者が積極的にかかわる。政策を豊富化するには、参加者の多様化が不可欠である。とりわけ、議会には喫緊の課題である。議会の存在意義は、多様性に基づいた「公開と討議」である。議員の属性の多様化には、今日程遠い。その是正が必要である。少ない女性、少ない若者、少ない障がい者等の現状の大転換が求められている。

1．政策の豊富化には多様性が不可欠

　議会には、議員間の討議が必要なことを強調している。それだけではなく住民と歩み首長等と政策競争する議会

が不可欠であるがゆえに、住民、議員、首長等の三者の討議空間の設置は必然である。フォーラムとしての議会は、議会からの政策サイクルの展開が要請している〔→第6章2〕。

　本章は、多様性に基づいた討議こそ議会の存在意義であることを踏まえて、住民、議員、首長等の三者が参加するフォーラムとしての議会でも、多様性が重要であり、その仕掛けを考えることにしたい。

　本著において、多様性を強調するのは議会の存在意義の確認からだけではない。つまり、首長と政策競争する議会は、合議体であり多様性に基づく討議の重要性を強調したいだけではない。本著では、フォーラムとしての議会を提案している。そこでは、住民、議員、そして首長等の三者によるという討議空間を想定している。議員と首長等だけによる討議空間を想定してはいない。住民がその討議空間に積極的にかかわることが必要だと考えているためである。

　1つは、住民の政策過程への参加によって当事者意識が高まることがあげられる。もう1つは、政策の豊富化が可能となる。議員や首長等による政策の提示は必要である。同時に、住民のかかわりによって政策は豊富化する。政策形成や実施は今日住民抜きには実現しない。議員、首長等による感受性・応答性とも連動している。住民による政策の豊富化の事例を参照してほしい。

2．議会における多様性の課題

　すでに指摘しているように、議会には、地域経営にとってほとんどすべての重要な権限が付与されている〔自治法96〕。それは、議会が「住民自治の根幹」だからだ。これは、議会の特性である合議制に由来する。合議制は、

議員の多様性を前提にして議員がさまざまな角度から討議し論点を明確化にし、時には合意をつくりだす。それを見て聴いている住民が自分の意見を確信・発見する（世論形成）。このように考えれば、議員の属性の偏りは、議会の危機だ。それは、今日進展している議会改革の大きな障壁である。無投票当選は、議会・議員の正統性に疑問符が付けられる。また、住民自治の空洞化も促す。政策競争や有権者意識の欠如、そして議会の危機、である。この議会の危機とは、無投票当選が性別、年齢等の偏りを促すことで、多様性を踏まえた公開と討議という議会の存在意義を侵害することだ。無投票当選における多様性の偏りも検討しよう〔→第7章〕。

多様性の希薄化は、政策の偏差を生み出す。たとえば、「女性の発言が行われなければ、政治の争点は男性が関心を持つものに限定」される。夫婦別姓の制度化、妊娠・出産にかかわるリプロダクティブ・ヘルス／ライツ（性・生殖の権利）の制度化、家庭内暴力（DV）の防止といった問題は、「一般に男性の関心は薄い」（前田2019）。また、高度経済成長期の「おんな・こども」の争点（環境・福祉）が今日第一級の争点に浮上している。

多様性の障壁は、性差だけではもちろんない。年代、障がいの有無、そして地域性（市街地と過疎地域）についても多様性の豊富化から制度化を再考することになる。外国籍住民は、現制度では有権者とはなれないが、議会や行政への参加は可能であるし、促進すること考えることは必要である。

多様性を創出する手法は多角的に考えなければならない。今日、性差の問題が脚光を帯びているし、筆者は積極的に女性の政治参加を支援している。環境も変化している。女性進出を後押しする法律も制定されている（政

治分野における男女共同参画推進法）。議会も名宛人となっている。政党、自治体、議会の具体的対応に対するチェックが可能となる。女性をめぐる多様性の議論を強調するのは、性差を考えることが多様性を考える契機になると考えているためである。つまり、性差の偏りは、若者、障がい者、外国籍住民への政治・行政参加の議論と連動する。女性の政治参加の充実の議論は突破口となる〔→第7章〕。

　少なくとも3割（クリティカル・マス理論）というのは、実体験でも理解できる。討議による民主主義は、Aが発言しそれに同意するBがいてはじめて議論は展開する。多様性の希薄化は、政策の偏差（バイアス）を引き起こす。

3．フォーラムとしての議会における多様性の層

　フォーラムとしての議会を想定しても、すでに指摘した議会における多様性の意義、つまり参加による当事者意識の向上と政策の豊富化という2つの意義を有する。同時に、フォーラムとしての議会における多様性は、議会（狭義）の多様性を補完する（〈2＋1の意義〉）[67]。その議員の多様性は、いまだ限定的である（女性、若者の少なさなど）。フォーラムとしての議会によって、この限定を緩和することができる。つまり、多様な住民がそこに参加することで議会（狭義）の多様性を補完するという第3の意義である。

　この第3の意義は、多様性が限定の時代（今日）だけ

67　住民、議員、首長等によるフォーラムとしての議会こそが本来の議会であると考える場合、「補完」では弱すぎる。筆者も、基本的にはそう考えているが、議員によって構成される議会を主として考える発想が流布している。この発想から便宜上「補完」という用語を用いている。

に有用なわけではない。フォーラムとしての議会は、議員の多様性の補完を超えて議員の多様性を促進する。第1部で紹介した議会への住民参加は、フォーラムとしての議会と連動するが、それは議員の多様性を促進する。これもフォーラムとしての議会の第3の意義（第1の意義と関連して）である。

　フォーラムの議会の完成形はいまだ実現しないかもしれないが、フォーラムとしての議会の萌芽形態は構想され実践されている。その多様性は、議会の多様性の重要な補完となっている。

　議会（議員）の多様性については（狭義の議会）、選挙の活性化などを想定しつつ、考えることにしたい〔→

**表14　議会（議員）の多様性、およびフォーラムとしての
議会（参加者）の多様性**

【議会（議員）】 議員の属性の多様化
【フォーラムとしての議会Ⅰ（住民―議会（議員）関係）】 ○アンケート ○住民との意見交換会・議会報告会 ○議会（だより）モニター、政策サポーター ○住民によるゼミナール（宮城県大和町議会） ○参考人・公聴会の積極的活用 ○模擬公聴会（長崎県小値賀町議会、大津市議会） ○市民フリースピーチ
【フォーラムとしての議会Ⅱ（議場外における住民、議員、首長等による三者間関係）】 ○市民まちづくり集会（新城市） ○市民まちづくり集会（焼津市）
【フォーラムとしての議会Ⅲ（議場内における住民、議員、首長等による三者間関係）】 ○コーディネート議会（調整型議会）：たとえば、テーマごとに参考人・公聴会と首長等への質問質疑の混合方式（議会・議員は受動的ではなく積極的に（調査研究等をしながら））、調整を行い討論し表決する

第7章]。フォーラムとしての議会は、すでに指摘したように、参加による当事者意識の向上と政策の豊富化という2つの意義とともに、議会の多様性を補完する（〈2＋1〉の意義）。フォーラムとしての議会をとりあえず、3つの層に区分して考えよう。議会（狭義）の多様性を前提とした3つの層である。第1層（フォーラムとしての議会Ⅰ）、第2層（フォーラムとしての議会Ⅱ）、第3層（フォーラムとしての議会Ⅲ）である（表14参照）。

　フォーラムとしての議会Ⅰ（住民─議会（議員）関係）は、大きくは2つに区分できる。1つが議会外で主として行われるもの、住民との意見交換会・議会報告会、議会（だより）モニター、政策サポーター、住民によるゼミナール（宮城県大和町議会）などが想定できる。もう1つは、議場（委員会を含む）で主として行われるもの、参考人・広聴会の積極的活用、模擬広聴会（長崎県小値賀町議会、大津市議会）、市民フリースピーチなどが想定できる（より詳細な類型では、議事日程の中に組み込まれるものと、休憩時間に行うものに区分できる）。

　活発に行われている女性議会、若者議会もここに含まれる。なお、外国籍住民との意見交換会も考えられる（川崎市外国人代表者会議は首長に設置されているが、それとの意見交換なども想定できる）。

　フォーラムとしての議会Ⅰには、この区分だけではなく、もう1つの区分がある。住民と議員が対面で意見交換を行うことで、すでに指摘した〈2＋1の意義〉を達成することができる。その際、住民と議員が対面する場合と、住民同士がまずもって議論する場合がある（もう1つの区分）。住民と議員が対面で意見交換を行うことは意義あるが、住民と議員の対面は個別住民が議員に対峙することで、要請・要求型の住民による意見表

明になりやすい。それに対して、住民同士（〈住民—住民〉関係の充実）の討議を前提に（それを踏まえて）議員と対峙して提案を行う。〈住民—住民〉関係の充実は、情報提供と討議空間による〈住民—住民〉討議は、要請・要求型住民とは異なる自治型住民を育成する（江藤2000）。

〈住民—議会・議員〉関係は、フォーラムとしての議会Ⅰの事例のほとんどが含まれる。〈住民—住民〉関係は、今日のワークショップ・ワールドカフェ、ミニパブリクスはまさにこの〈住民—住民〉関係の実践である。今日、住民との意見交換会、議会報告会において、ワークショップ・ワールドカフェを活用する議会も増えている。ただ、住民だけではなくそこに議員も参加することが多い。〈住民—住民〉関係に接近しているが、〈住民—議会・議員〉関係の中にある。それに対して、すぐ後に確認するように宮城県大和町の「住民によるゼミナール」は住民だけによる研究の実践である。〈住民—住民〉関係を構築している。このゼミナールは、議会と関係がないわけではない。設置は議会であるし、時にはゼミ員と議員と意見交換もする。それも情報の豊富化として重要である。

フォーラムとしての議会ⅡとⅢは、まさに住民、議員、首長等による三者による討議空間である。その相違は、議場外と議場内だけである。より正確に言えば、議場内では地方自治法に規定されている事項を活用することもできることも相違に加えることができる。たとえば、テーマごとに参考人・広聴会と首長等への質問・質疑の混合方式が想定できる。コーディネート議会（調整型議会）だ。議会・議員は受動的ではなく積極的に（調査研究等をしながら）、調整を行い討議し表決することに注意していただきたい〔→第5章〕。なお、逆にいえば議場で

は自治法に規定されていない創造的な運営もフォーラムとしての議会Ⅲに加えてもよい。

　フォーラムとしての議会ⅠⅡⅢは、参加による当事者意識の向上と政策の豊富化という2つの意義とともに、議会の多様性の補完となる（〈2＋1の意義〉）。フォーラムとしての議会Ⅰの構想と実践は、すでに紹介している。住民との意見交換会・議会報告会、議会（だより）モニター、政策サポーター、模擬公聴会（長崎県小値賀町議会、大津市議会）、市民フリースピーチ（犬山市議会）などである。

　これらは、フォーラムとしての議会Ⅰの系列であるが、それ以外の〈住民―議会〉関係の構築以前に設定された〈住民―住民〉関係を構築したゼミナールをまず紹介したい（大和町議会）。そして、住民、議員、首長等による三者による討議空間を創造するフォーラムとしての議会Ⅱ（議場外）の実践を紹介する（新城市、焼津市）〔→本章4、5〕。

4．〈住民―住民〉関係の構築：
　　住民によるゼミナールの構想と実践

　宮城県大和町議会は、議会の調査研究結果を住民と議論するという正攻法の理念をさらに充実させている。「これからの大和町議会のあり方プロジェクト」である。これは、議会によるプロジェクトであるが、特異なのはその中に、住民が研究員として継続的に議会や議員のあるべき姿を研究する組織である「大和町議会のあり方ゼミナール」を設置していることである。2021年度、22年度の2か年かけて「住民の皆さんとともに議会の課題を見つけ、解消に必要なものや、制度、環境について」議論することを目指すためである。住民だけで構成するワー

クショップにおいて住民の意見を集める（ステージ１）、住民と議員が話し合い、政案作成に向けて話し合う（ステージ２）、そして議員が必要な条例改正を含めた議論を行う（ステージ３）が想定されている。

21年度は５回開催されまとめも出されている。第１回はセミナーも含まれ（河村和徳東北大学教授）、第２回「あなたの思う議会像」、第３回「多くの地方議員をやってよいと思えるためには？」、第４回「あなたが町を変えられる？できることを考えよう」、第５回「私たちの議会」。平岡善浩宮城大学教授がファシリテーター役を担っている。

24人の住民「研究員」が積極的に参加している。ゼミメンバーは、区長会、PTA連合会、婦人連絡協議会などの町内17の団体や企業関係者、そのほか宮城大学学生、地元の黒川高校生によって構成されている。性別(同数)、年齢構成（10代から70代）も加味されている。

議会は独自に議会活性化調査特別委員会を設置し調査研究をするとともに、ゼミメンバーとも議論する。ワークショップである。

2022年度は、講演（筆者による「地域経営を担う『住民自治の根幹』としての議会の作動」）とワークショップから始まった（７月24日）。メンバーは、ほぼ半数改選されている。そこで、いままでの振り返りとともに、議員報酬・定数の現時点の意向が表明された。ホワイトボードに各自が自分の意見に賛同する提案にマジック（磁石）をつける方式である。各自の意見にとどまる。今後ゼミ内で討議を行い、ゼミの意向がまとまる。

そのホワイトボードに書かれた表の表側には「定数増」「現状維持」「定数減」、表頭には「報酬減」「現状維持」「報酬増（町村平均)」「報酬増（平均以上)」が示され12

のボックスが提示されている（正確にはもう複雑なので簡略化している）。付けられた37個のマジックのうち最も多いのが「定数現状維持・報酬増（平均以上）」14個。続いて「定数増・議員報酬増（平均以上）」8個、「定数減・報酬増（平均以上）」7個、「定数現状維持・報酬増（町村平均）」5個、となっている（3個は省略）[68]。

　議会活動を説明しないアンケート結果とはまったく異なっている。議会・議員活動の説明と住民間の討議の重要性が浮き彫りになる。

　議会は、この提案を受け議会改革を進める。大和町議会議員選挙投票率は5割を初めて切った（20年3月、45.7％）。その危機感もその契機になった。恒常的に報酬を含めた議会のあり方について住民が考え討議する場を設置する大和町議会の改革は、議会改革を大きく一歩進める可能性がある[69]。

　その後、あり方ゼミナールの討議、特別委員会とのワークショップが開催された[70]。あり方ゼミナールの意見を踏まえて、特別委員会による原案作成が行われ、その後それを踏まえて住民懇談会・議会報告会が行われる。この住民懇談会・議会報告会を「模擬議会」と位置づける。それを踏まえて特別委員会で成案がまとめられ議会に報告される。特別職報酬等審議会答申を踏まえて報酬が増額された（2023年9月）。定数減となった。

68　大和町議会の報酬（議員）24万円、政務活動費12万円（年額）、定数18である。人口約2万8千人（22年4月1日現在）、一般会計規模124億円（22年度当初予算）である。

69　議会改革として、議会基本条例制定（13年）、タブレット端末の導入（19年）、議員政治倫理条例制定（15年）、議会改革（議員報酬・定数（この中には筆者による研修も含まれる）、13年）、通年議会（18年）、議会インターネット配信（21年）などが行われている。また、議会広報については、全国町村議会議長会や宮城県町村議会議長会から恒常的に高い評価を得ている。

　恒常的な住民の調査研究による提案を踏まえた議会改革として高く評価してよい。ポピュリズムと住民自治を区分する分岐点が議会・議員活動の開示と住民との議論である（「世論（セロン：住民の雰囲気）と輿論（ヨロン：住民間の議論を踏まえた住民の意見）の従来の区分と合致（今日「世論」をヨロンと読ませ意味は世論調査のように漠然とした住民の意見に近い）」）。もちろん、ゼミメンバーの人数が少ないのではないかという疑義もあるだろう。少ないとはいえ、このメンバーが友人に話すことが、点が線になり線が面になり、さらに空間になる会期であることを忘れてはならない。ゼミの活動を他者には話した（８名、「話していない」３名）。話した相手は、家族、友人、公人、近所、町外、団体役員、となっている[71]。また、議会主導のゼミナールで住民の意向といっても議会側に近いという疑義もあるだろう。とはいえ、住民間で議論する方向に舵を切ったことを評価すべきである。

70　第２期ゼミナールでは、2022年10月29日（土曜日）には模擬議会が開催されている。その準備のために３回ゼミナールが行われている。模擬議会では、一般質問と意見書の決議が行われた。模擬議会といえば、一般質問がほとんどであるが、議会では審議と議決も重要であることで意見書の審議と議決も加えていた。なお、ゼミ員６名が一般質問に登壇しているが、そのうち５名は女性であった。なお、関心が高まったというゼミ参加者が多いが、議会・議員への印象の変化は、「良い方向に」（７人）、「悪い方向に」（２名）、「かわらない」（３名）であった。大和町議会の評価は、「不十分」（８名）が多い（「十分」３名）。「議会を充実させるための課題」のうち、「多様性」「住民との連携」が最も多く（９名）、「専門家との連携」（８名）、「議会力・議員力アップ」と「条件の充実」（７名）、「投票率の低さ」（６名）とつづく（複数回答可）。筆者は、各ゼミ員に対して「議会、そして住民自治を充実させるためのアンケート」のお願いをした。手渡し配布、郵送回収である。19人中12名が返送してくれた（2022年11月17日現在）。

71　筆者による同上アンケート。

5．フォーラムとしての議会の実践： 議場外での三者間関係の模索

「フォーラムとしての議会」は、住民、議員、首長等によって構成されている。この構想と実践も生まれている。フォーラムとしての議会Ⅱである（議場外での住民、議員、首長等による三者間関係）。愛知県新城市の「市民まちづくり集会」は、その１つである[72]。自治基本条例に規定された公式なものではあるが、議場で開催されているわけではない。筆者による「フォーラムとしての議会」については、議場を念頭においているが、市民会館等で行われることも想定できる。最終的に議員により議決されるが、議案審査や議案の政策形成については、どこで開催されようと充実した討議が三者で行われることが重要なのである。

新城市自治基本条例（2013年施行）では、「市長又は議会は、まちづくりの担い手である市民、議会及び行政が、ともに力を合わせてより良い地域を創造していくことを目指して、意見を交換し情報及び意識の共有を図るため、三者が一堂に会する市民まちづくり集会」の開催が規定されている（基本条例15①）。市長と議会との共同開催も可能である（基本条例15②）。市長は、「特別な事情がない限り年１回以上の市民まちづくり集会を開催」するが（基本条例15③）、市民は開催を要請することができる（「年齢満18歳以上の日本国籍を有する住民は、その総数の50分の１以上の者の連署をもって、市長に対して市民まちづくり集会の開催を請求することが」

---

72 新城市は、条例に基づき「若者議会」を設置し、予算の請求を行っている。これらの住民参加の制度化とによって、住民自治が充実している。

できる（基本条例15④））。

　市民まちづくり集会開催を規定する自治基本条例を制定する以前でも、プレ市民総会として、無作為抽出の手法も採用されていた。最近では、「旧新城東高等学校の跡地」（第11回：2022年、新城文化会館）、「あなたの目指す新城市〜あなたの夢を教えてください〜」（第10回、2021年、完全オンライン）などをテーマとしていた（市民まちづくり集会：新城市（https://www.city.shinshiro.lg.jp/shisei/machidukuri/syukai/index.html））。

　同様に、焼津市は自治基本条例（2016年施行）に基づき「まちづくり市民集会」を開催している。市長は「協働してまちづくりを進めるため、まちづくり市民集会を開催する」（基本条例17①）。そのまちづくり市民集会は、「市民、議員及び市長等が参加し、地域社会の課題や焼津市の未来について意見交換し、情報を共有する」ためである（基本条例17②）。原則、年1回開催する（基本条例17③）。市民からの要請による開催の規定はない。議員は、議会報告会の位置付けによって全員参加する（議会基本条例5⑤）。

　この市民集会の意義として、「話し合い、聴き合えば、誤解が解けて、問題の半分は解決する」場、および「要望や要求の場ではなく、行政、議員、市民がまちの課題を共有し、話し合い、情報や知恵を出す場」である民主主義の一歩という意義であり、また議員が参加する意義（自治の共同経営者、議員が学び鍛えられる場、議会報告会の充実）もある（松下　2022：33−34）。

　市民まちづくり集会やまちづくり市民集会は、フォーラムとしての議会Ⅱとして位置づけている。これらの実践が、フォーラムとしての議会Ⅲのイメージを豊富化す

る。すでに開かれた議会に舵を切っている。参加する住民は多様化である。新城市の市民まちづくり集会の「プレ市民総会」で行われた無作為抽出なども想定してよい。

＊　　＊　　＊

　「フォーラムとしての議会」は、住民、議員、首長等によって構成されている。地方自治法の下でも、可能ではある。首長等を呼ばずに、議員同士で討議することもできるし（自治法121）、表決の前の討論は今日１議員１回限りの議会が多いと思われるが、数回可能となれば議論は深まる。また、参考人や広聴会制度を活用して、住民と議員との討議空間も可能である（自治法115の２）。さらに、議会と首長等との関係では、質問の場合、一問一答や反問権の首長等への付与により討議は充実する（会議規則や議会基本条例での明記）。このような、議員間、住民と議員間、議員と首長等間の討議空間をさらに発展させ、それらをたとえばテーマをしぼって三者が討議し政策を豊富化することができる。制度はある。それを実行する意欲と踏み出しの一歩が必要なだけである。

　次章は、議員の多様性を創出する手法を考えていきたい。

議会本体（議員）の多様性の意義と新たな動向

　本章の論点：選挙の活性化とフォーラムとしての議会の充実の相補性

　今日、地方分権改革等によって地方政治が台頭している。その一方で、投票率の低下や無投票当選者率の上昇といった政治の衰退現象も生じている。18歳への選挙権年齢引き下げにより、主権者教育が脚光を浴びているが、学校教育の場が主となっている。それとともに、まちづくりへの参加、とりわけ「住民自治の根幹」としての議会への参加が重要である。これによって政治意識が向上する。同時に、選挙の活性化は政治意識を高め、フォーラムとしての議会への参加が促進され、それはより充実する。フォーラムとしての議会の充実と選挙の活性化の相補性である。

1．議会本体の多様性の意義

　フォーラムとしての議会の意義と可能性を探ってきた。多様に張りめぐらされる住民と議員、住民と首長等、議員と首長等、そして住民、議員、首長等との三者関係の場としてフォーラムとしての議会の重要性を提起してきた。これらを踏まえた上での議会の討議と議決責任を提起する。再度強調したいのは、議会が住民と切断されて独自に動くことを想定しているわけではない。フォーラムとしての議会を踏まえた上での議会の討議と議決の責任を提起している。議会・議員の自律性（時に短期的

に住民の意向とは異なることはある）はあっても、独尊性ではない。この自律性と独尊性を区別するものは、フォーラムとしての議会の設置と作動を踏まえた上での、説明責任と選挙である。

こうした視点から議会の討議と議決責任を作動させるには、議会にも多様性が必要である。今日、女性、障がい者、若者等の議員の少なさを考慮すれば属性の大幅な偏りがある。この是正は喫緊の課題である。その課題の解決の一端を探ることにしたい。それを考える上での前提（留意点）を先に示しておこう。

【議員の多様性は議会の存在意義】

議員の多様性を考える上での第1の前提（留意点）は、議員の多様性こそが議会の存在意義だということである。議会の多様性に基づく公開と討議（それに基づく輿論（熟議民主主義に連結）形成）がその存在意義である。だからこそ、条例、地方財政（予算・決算）、契約、財産の取得処分等といった地域経営にとっての重要な権限はすべて議会にある（自治法96①）。議会は、公開と討議を担う「住民自治の根幹」（第26次第29次地方制度調査会答申）だからだ。今日の議会改革は、これに目覚めた議会・議員が作動させている。

なお、最近の地方制度調査会答申でも多様性は強調されている（表15参照）。第33次地制調答申は、多様な人材の欠如が議員のなり手不足を創り出すという論理である。筆者は、逆に議員のなり手不足（そして低投票率）が多様性の欠如を呼び起こすとも考えている。悪い意味での相互作用である。第33次地制調答申は、それらの脱却の方向を示している。

表15　第32次・第33次地方制度調査会答申における多様性の重要性

〈第32次地制調答申〉

「議会は、地域の多様な民意を集約し、団体意思を決定する機能や政策を形成する機能、執行機関を監視する機能を担っており、民主主義・地方自治に欠かすことのできない住民を代表する合議制の機関として、独任制の長にはない存在意義がある。」（いわば「民主主義・住民自治を進める議会」）

〈第33次地制調答申〉

自治体経営の「資源制約を乗り越え、持続可能で個性豊かな地域社会を形成していくためには、地域の多様な民意を集約し、広い見地から個々の住民の利害や立場の違いを包摂する地域社会のあり方を議論する議会の役割がより重要となる。また、地域社会においては、行政のほか、コミュニティ組織やＮＰＯ、企業等の多様な主体が、組織の枠を越えて、サービス提供や課題解決の担い手としてより一層関わっていくことが必要であり、これらの多様な主体の参画を得る観点からも、議会の役割は重要である。」ことを明確にしている。その上で、それに応えるには課題があることが提示される。多様性の欠如やハラスメントは「意欲ある住民が立候補を思いとどまるようになるなど、議員のなり手不足の原因の１つ」だという課題が提示される。そのための改革の施策が答申となっている。

多様性を実現させることは、１つの潮流になっている。とはいえ、それが広がらないのには、多様性を充実させる手法への根強い批判がある。今日、大きな課題になっている１つに女性の政治参加がある。越谷市議会議員・白川ひでつぐさんは、それを広げる意味で次のような問題提起をしている[73]。「現状では一向に改善しない状況が続いている。それはこれらの制度導入に対して反対する意見も根強く、彼らの主張に対して私たちは説得や合意が出来るのだろうか。」と問いかけ、想定できる反対論を想起する。それに対する「反論や合意が出来なければ広がらない。選挙に立候補するのは様々なリスクを引き

---

[73]　「一心助の天秤棒」（白川ひでつぐ）No.110（一部変更）．市川房枝政治参加フォーラム2022　議会はあなたを待っている」（2022年５月21日）のセミナーに参加した後の文章である。

受けた上に、当選するとは限らないし、当然落選によって不利益を被る事もしばしば起こる。」

　そこで、想定する批判に対する反論を考えておこう（表16参照）。なお、筆者はクオータ制度の導入については、政党助成金の増減・削減と連動させることには賛同したい。ただし、ここでは女性の政治進出を促進させる制度の導入として広く捉えておきたい。

【議員の多様性の多様性】

　第2の議員の多様性を考える上での前提（留意点）は、議員の多様性にも多様性があることである。議員の多様性は、さまざまに想定される。女性、若者、障がい者の少なさが念頭に浮かぶ。本著では、その中でも女性による議員の多様性増進、女性の政治進出、を中心に考える。それ以外にも議員にとって不可欠な属性は想定される。

　性的マイノリティも多様性の議論にとって不可欠である。LGBTQ$^+$への偏見・差別撤廃の施策は必要だ。渋谷区や世田谷区などの同性カップルを対象にしたパートナーシップ条例は広がっている。ただし、親権、社会保障、相続、国籍などの課題は残っている。LGBTQ$^+$の人が立候補しやすい環境整備も必要である。

　女性で、若者で、障がいがあり、性的マイノリティのいくつか、あるいはすべての属性を有する住民もいる。

　なお、外国籍住民は議員にはなれないだけではなく、投票権もない。外国籍住民は増加している。外国籍を有する人も住民であることには間違いない。多様性には、こうした外国籍住民も入ることは当然だ。地方議会議長を対象とした調査では、「外国人住民が住民投票などを通じて地方行政に参加することについて『議論を進めるべきだ』との回答16％」となっている。消極思考がうか

表16　女性の政治進出を促進させる制度への批判とその反論

批判１：男性だろうが女性だろうが、選挙では総力をあげて当選を果たすための努力を傾注する。その努力の結果当選したり落選したりするのであって、そこに女性だけに"下駄を履かせて"しまえば、この努力の公平さが失われるのではないか。

　→いわば、能力も経験もない女性に下駄をはかせるという批判である。議員にとっての能力を改めて問うことが必要である。経験のある女性が立候補を促す制度となる。「男性化した候補者モデルの下では多くの男性は『ガラスの下駄』をはいている。ケア責任を免責されるという下駄である。」

批判２：選挙制度の改正を求めるのならば、現状の制度例えば被選挙権年齢の引き下げであるとか、または一票制を二票制にするとか、制度の改正をすべき優先順位は他にあるのではないか。

　→国政における選挙制度改革では、クオータ制度等が想定できる。市区町村議会議員選挙では、大選挙区単記非移譲式を大選挙区不完全連記非移譲式（二票制や三票制）に変更することが想定できる（政党制が根付いている市では比例代表制も想定できる）。都道府県議会議員選挙では、一人区、二人区を減らすことや、抜本的には比例代表制の導入なども同時に進める必要がある。

批判３：立候補者に投票をするのは、有権者・市民であるため、制度を改正する前に低投票率である現状を変える意味からも、市民意識を変えていくためにも、普段の活動が問われている。その活動を抜きに制度だけを変えるのは本末転倒ではないのか。

　→意識（教育）と制度は、改革を行う上での２つの方向である。両者が必要なことはいうまでもない。意識の重要性はあるが、制度改革により意識改革を進めることも視野に入れるべきである。「候補者擁立のやり方を変えるため」である。

批判４：このような現状の中でも女性議員は、それなりに当選をして活動をされている。しかし果たしてジェンダー平等と言う視点を持つ女性議員が全員とはいえない現状があり、女性だから優秀だとはいえない現実をどう説明するのか。

　→「女性を代表しなければならないという使命感と、逆に女性だけの代表と思われないようにしなければならないという相反する圧力に晒される」。男性性優位の政治では、それに適合した女性候補者も登場する。

注：批判は、白川さんが想定しているものである。批判に対する反論を→で示している。なお、その反論では、三浦（2023）を参照した（「」内は引用）。なお、ここで参照した批判への反論は、クオータ制導入への批判への反論であるが、より広く女性の政治進出を促進する制度として捉えておきたい。

がわれる。居住者は少ない、時期尚早だという議長の意
見が多かった（『山梨日日新聞』2023年2月24日（共同
通信調査））。

　条例に基づく住民投票の対象とした逗子市や豊中市
や、外国人市民代表者会議を条例で設置した川崎市など
を参考に議論を進めるべきであろう。

【多様性をめぐる環境変化】

　フォーラムとしての議会の第3の意義は、「議会・議
員の多様性の補完」だ。それとともにフォーラムとして
の議会を充実させるために、議会・議員の多様性そのも
のを充実させる必要がある。今日、議員の多様性に向け
た環境変化が生じており、それを踏まえた改革を充実さ
せることが必要だ。議員の多様性の障壁除去、あるいは
多様性の促進のための制度改革が行われた。それを活用
することが議員の多様性にとって必要である。2023年4
月には、統一地方選挙が行われた。前回の統一地方選挙
から4年間の環境変化を確認しておこう。

　まず、法律制定・改正、最高裁判決、総務省の解釈、
全国市議会議長会等の標準議会規則の改正などがある
（表17参照）。総務省が自治法等の解釈権を独占している
わけではないが、解釈する1つの選択肢として重要であ
るので、取り上げている。標準会議規則の変更も同様の
意味で取り上げている。また、後述するように自治体独
自の努力や住民の自主的な取り組みも重要である。なお、
本著では議員の多様性を直接に拡充する環境変化を取り
上げているが、たとえば男女共同参画推進法やそれに基
づく計画の浸透は女性の政治進出には有用であるという
ように、社会文化の環境変化を視野に入れておくべきで
ある。

表17　多様性をめぐる環境変化（2019年統一地方選挙以降の変化）

法律制定・改正、最高裁判決、総務省の解釈、全国市議会議長会等の標準議会規則の改正

○政治分野における男女共同参画推進法の充実（2018年、改正21年）：セクハラ・マタハラ等への対応の新設や政党、国・自治体だけではなく地方議会も名宛人となったことなど新たな展開があった。

○町村議会議員選挙における公営選挙の導入（20年）：経済的負担の軽減の一助になる（対象の限定など課題はある）。

○懲罰に関する最高裁判決の変更：懲罰（自治法134、135）に関して裁判の対象とした（20年）：懲罰（自治法134、135）に関して議会の自律性を強調してきた従来の判決に対して、その根拠となる「部分社会論」を批判し裁判の対象とした（20年11月）。不当な懲罰の泣き寝入りの防止になる。

○三議長会の標準会議規則改正：三議長会の標準会議規則は欠席事由を「事故」から「公務、疾病、育児、看護、介護、配偶者の出産援助その他のやむを得ない事由」にまで広げている（21年）。それぞれの議会は会議規則を見直している。男性にもかかわることではあるが、とりわけ女性の政治進出には有用だ。

○総務省によるオンライン委員会・本会議の活用の通知（20年、23年）：コロナ禍の中で総務省は委員会など（委員会や協議会）ではオンラインによる議会は可能という通知を発出している（本会議不可、20年通知）。それを超えて、委員会限定ではあるが、出産、育児、介護等にまでオンライン出席を可能とする会議規則や条例の改正が行われ、実際に実施されている（大阪府議会、2020年12月）。その後、総務省は議場で定足数を満たしていれば、一般質問はオンラインで可という通知を発出している（23年）。

○兼業禁止規定の緩和（自治法改正、22年）：改正前には、請負禁止の要件が未確定であり、議員個人の請負は多寡に関係なく一律に禁止されている。そこで改正では、規制の対象となる「請負」の定義の明確化と議員個人による請負に関する規制の緩和（議員個人の請負を一律に禁止せず、政令で定める額を超えないことに変更）となる。個人事業主の場合300円以下であれば容認。

注：詳細は、江藤（2023c）を参照。なお、前回統一地方選挙以降ではないが、選挙権年齢引き下げも重要な変化である（2017年）。

２．女性の政治参加の重要性：
　多様性こそ民主主義の本質

【女性進出を取り上げる意味】

　議員の多様性を現実化するには、さまざまな手法を考えなければならない。本著では、女性の政治進出の手法を中心に議員の多様性の充実の手法を考えたい。多様性の拡充（社会的属性とのズレ（若者、女性、会社員の少なさ）脱却）の突破口として考えているからである。女性の視点の重視は、少数者等への視点と連動する。少ない代表率は女性だけではない。女性の少なさを是正する視点から属性の偏りにスポットを当てることができる。

①政策における女性の視点（環境・福祉政策重視、透明性の充実）が今日不可欠となっている。環境や福祉は、高度経済成長期は「おんな・こども」のテーマといわれていたが今日第一線に躍り出ている。実際に、女性議員の進出は、待機児童、DV、防災における女性の視点が政策に影響を与えている（大山　2019）（女性議員では多様性（79.7％）生活に直結（57.9％）等（内閣府　2021：59）。

②女性の政治進出を強調するのは、政治の多様性を目的としているからだ。少なくとも３割（クリティカル・マス理論）というのは、実体験でも理解できる。討議による民主主義は、Aが発言しそれに同意するBがいてはじめて議論は展開するからだ。意識調査でも同様な結果が示されている。「女性議員比率」が高いほど「男性議員の理解やサポートが得られない」ということが課題となっていない（「いない」に注意、内閣府2021：53）。10％未満が46.7％に対して20％以上は56.3％が課題となっていない（10％以上20％未満は51.6

%）。ある程度の人数の女性が議会に占めなければならない理由である。

女性の利害がアプリオリ（先天的に）存在しているわけではない。女性の中でも意見が一致する場合も、分かれる場合もある。女性の中の多様性を政治の場に登場させることが重要である。

【女性の政治進出を妨げる要因】

女性の政治進出には「ガラスの天井」がある。男性でも「天井」はある。議員のなり手不足問題は、女性だけの問題ではない。男性も立候補し政治活動を担うのには大変な苦労がいる。それを踏まえつつも、女性の政治進出が極端に少ないのは、男性とは異なる構造的な問題があるからだ。

それにもかかわらず、女性は議員に立候補し活動している。「議員となり課題を解決したいという使命感」88.9％「地方議会に女性の声を反映させるため」79.4％「政党や所属団体、地域等からの要請」72.2％が圧倒的に多い（内閣府　2018：23）。こうした意欲ある議員を多く登場させたい。

女性の政治進出を促すには、構造的問題の解決は不可欠である。そのためには、立候補しようとしても躊躇し立候補を諦めた女性の声を素材とすることは有用である。「立候補を断念した理由」という設問では、男性と比較して、順位がほぼ同じである（たとえば、上位２位「立候補にかかわる資金の不足」「仕事や家庭生活（家事・育児・介護等）のため、選挙運動とその準備にかける時間がない」はそれぞれ男女とも60％台）。男性であれ女性であれ多様な課題がある。ただし、「自分の力量に自信が持てない」48.0％「当選した場合、家庭生活との両

（左余白・縦書き）
●自治を担う「フォーラム」としての議会

立が難しい」47.8％という選択肢では、男性に比べて女性は約10％高く深刻である。経済的要因、個人の資質・ネットワークとともに、性別による役割分担意識が蔓延していることが浮かび上がっている。

　そして、内閣府（2018）では女性議員の増加を阻む３つの課題として「政治は男性のものという意識」「議員活動と家庭生活の両立を支援する環境の未整備」「経済的負担が大きい」が提示されている（表18参照）。

表18　地方議会において女性議員の増加を阻む３つの課題と今後の方向性

〈政治は男性のものという意識（固定的性別役割分担意識）がある〉
○政党や団体等が性別に関わらず能力に基づいて立候補を要請する。
○女性人材育成、研修機会の付与を行う（例：女性議会の取組など）。
○ハラスメントや差別の防止に関する研修を行う。
〈議員活動と家庭生活の両立環境が整備されていない〉
○休暇や休業制度についての明文の規定を設ける。
○議会に託児所や授乳室を整備する（例：議員控室を活用した育児支援など）。
〈経済的な負担が大きい〉
○政党や団体等が性別に関わらず能力に基づいて経済的支援をする。
○議員とその他の職業を兼業できるようにする、または、兼業しやすい仕組みを導入する（例：夜間・休日の議会開催など）。

注：内閣府（2018：3（概要））から作成。〈　〉は課題、○は解決の方向性、である。

　女性政治家志願の活動の課題を探ることは、女性が継続的に活動すること、嫌気がさして辞める人を少なくするには必要である（内閣府　2021：23）。その要因の１つが、ハラスメントにある。立候補を検討したが断念した人で、その検討・準備中に受けた人は、男性58.0％に対して女性65.5％と多く、その中でも男性と比べて多いのは、性にかかわる事項である。また、地方議員で議員活動や選挙活動中に有権者や支援者からのハラスメントを受けた人は、男性32.5％に対して女性57.6％になって

いる。性的なハラスメントでは、男女差は非常に大きい（内閣府　2021：50）。

そして、「票ハラスメント」も問題になっている（濱田　2023）。その場合でも組織・政党所属に属していると、受ける割合は少なくなるという（「フォーラム　票ハラスメント」『朝日新聞』2021年8月8日）。これを考慮すれば、無所属議員が多い地方議員は票ハラスメントを受ける可能性が高い。

【女性の政治進出の促進戦略】

政治分野における男女共同参画推進法の制定は、議員の多様性の推進だけではなく、議員のなり手不足、投票率の低下といった課題の解決の可能性を高めるものだ。政策における女性の視点が地域経営の政策にとって重要である。また、女性を含む少数派の意見は、議会と首長の癒着や議会運営のマンネリ化の是正に有用である。

その法律は、2018年に制定され（旧法）、21年に改正されている。旧法では、衆議院、参議院及び地方議会の選挙において、男女の候補者の数ができる限り均等となることを目指す。国・自治体の責務や、政党等の候補者の男女数の目標を定めること等、自主的に取り組むよう努めることなどである。

理念法であり、強制力のない法律として出発した。改正では、実施主体は、地方議会も明記された。旧法では、地方議会は明記されず、明記されていた「地方公共団体」の中に含まれると解釈されていたが、改正では明確に地方議会も実施主体となった（法2④）。また、政党は努力義務のままであるが、国や、地方議会を含む自治体は、「責務」に引き上げられている。

政党には、数値目標、候補者選定過程の改善、人材育

成、セクハラ・マタハラ防止の努力義務が課されている。政府には、障壁の調査、参画状況の調査の責務が課せられている。そして、地方議会には、環境整備、人材育成、セクハラ・マタハラ防止の責務が課せられている。表19は、想定される施策である。なお、セクハラ・マタハラ防止の責務は、改正で初めて挿入された事項である。

表19　地方議会の３つの責務とその想定される施策

責務	想定される施策
環境整備	選挙・議員活動と家事・育児・介護の両立、欠席事由の拡大、議会開催時期・日程を学事日程等を考慮して設定、宿泊を伴う視察に子供同伴を認める、授乳室・託児スペースの設置、保育園の利用が可能になる就労証明書の発行、通称での政治活動、オンライン議会
人材育成	女性模擬議会の開催、審議会での女性割合の引き上げ、議会の仕組みなどを広報する議会だよりの充実、学校に出かけ意見交換
セクハラ・マタハラ防止	研修・相談窓口の設置、セクハラ・マタハラ防止以外のハラスメント防止へと拡大、対象を（議員間だけではなく）議会事務局職員、行政職員、有権者（票ハラスメント）などへと拡大

注：三浦（2023：第６章）などを参照して筆者作成。

3．多様性を促進する進展する改革

【多様性を進める改革の視点】

　すでに指摘したさまざまな環境変化を踏まえつつ、議員の多様性に向けた改革が必要である。改革の視点を確認しておこう。

　①環境変化を活用する。政治分野における男女共同参画推進法の制定・改正など前述した環境変化を活用する。

　②議会の魅力を住民に知らせる。住民に開かれ、住民と歩む議会への改革を進める。議会報告会・住民と

の意見交換会、市民フリースピーチ、政策サポーター制度など多様な場を設定する。

③立候補への障壁を除去する。ハラスメント防止の強化、障がい者や乳児・児童同伴も可能な議場や傍聴席の整備、立候補支援、少ない場合に報酬の増額などが必要である。

なお、第33次地制調答申では、多様な人材確保のための手法が提示されている（表20参照）。すでに指摘した改革の視点とほぼ同様である。参考にしたい。

表20　第33次地制調答申による「多様な人材」確保の手法
（「多様な人材」が育たない理由からみた答申による対応方策）

①新たな議会・議員の創出：議会・議員の魅力を創り出すことの周知
　　議会の役割・責任、職員の職務等の重要性を自治法に明記、住民に開かれた議会による議会・議員活動の周知（デジタル技術の活用、政策サポーター・議会モニター）、勤労者の議会参画（夜間・休日議会開催）〔議会力・議員力をダウンさせない上で〕、議会への請願書提出（および国会への意見書提出）の手続きのオンライン化
②小規模市町村議会の待遇改善：新たな原価方式
　　議員の活動内容や量を首長の活動内容や量・給料と比較して議員報酬を算定して住民と討議しながら確定〔＝全国町村議会議長会が提起する「新たな原価方式」、議会・議員の魅力を創り出すことが前提〕
③立候補および議員活動の阻害要因の除去
　　ハラスメント対策（相談窓口の設置）〔政治分野における男女共同参画法を意識する〕、育児・介護・疾病等の欠席事由の明記、およびオンラインによる委員会参加、本会議におけるオンライン参加については「丁寧な検討」が必要、立候補による休暇制度・議員との兼業副業の要請の検討〔法制化は書き込まず（法改正事項だが先送り）。自主的改革として北上市議会のように企業への兼業の可能性のアンケート実施による意識向上は重要〕、〔自主的な立候補支援塾（住民による（長野県飯綱町、同御代田町など）、議会による支援（浦幌町（2019年）、栗山町（2023年）)〕

注１：３つの視点から答申が提起する多様な人材確保を整理している。議会の役割・責任、職員の職務等の重要性を自治法に明記以外、ほとんどは自主的な改革の紹介である。議会の役割・責任、議員の職務の自治法による明記は、これらをさらに進める意味でのエンジンとなる（2023　自治法改正）。〔　〕内は、筆者による補足である。
注２：新しい原価方式は、全国町村議会議長会参照（2022）。

【進展する自治体の自主改革の事例】

　進展している自主的な改革のいくつかを参照しよう。各自治体で行われている男女共同参画の充実がこれらの改革の下支えとなっていることはいうまでもない[74]。

①条例による多様な人材確保

ａ．多様性を規定した議会基本条例や政治倫理条例の制定。多様性を規定した議会基本条例は広がってきた（長野県上松町、秦野市、八潮市など）。また、政治倫理条例は、従来請負の透明性を目的とするものが多かったが、それに加えてハラスメント防止を規定する条例制定も広がっている。ハラスメントは議員（女性議員）だけではなく、議会事務局職員、行政職員が対象となっている。そこで、研修、相談窓口、審査会の設置、是正策（氏名の公表、辞職勧告等）などが明記される（地方自治研究機構　ハラスメントに関する条例（http://www.rilg.or.jp/htdocs/img/reiki/066_harassment.htm））。

ｂ．オンライン議会の広がり。コロナ禍の中で総務省は委員会など（委員会や協議会）ではオンラインによる議会は可能という通知を発出している。それを超えて、委員会限定ではあるが、出産、育児、介護等

74　小野市は、着実にその土壌を耕した自治体である。その結果、女性議員がゼロだったが、11年３名、15年４人、19年７人と増加の一途をたどり（23年７人）、５割となっている。地道な努力が実ったといえよう。明石市は同様な方向を条例で明確にしている（「あかしジェンダー平等の推進に関する条例」22年）。性別等にかかわりなく、誰もがあらゆる場における意思決定過程に参画できる機会が保障されることとし、「意思決定過程におけるジェンダー平等」を進めるための目標を設定するものである（特別職、市職員、審議会等、政治分野、事業者、協働のまちづくり推進地域など）。

にまでオンライン出席を可能とする会議規則や条例の改正が行われ、実際に実施されている（大阪府議会、2020年12月）。なお、本会議でのオンラインの活用について、総務省は定足数を満たしている場合、議案審議はできないが、質問は可能であるという通知を発出している（2023年）〔→おわりに〕。

②議会（の魅力）の周知

a．恒常的な女性（若者）議会：女性議会は広がっているが、数か月継続的に議員と住民が調査研究を行いながら女性議会を行う（犬山市議会）ことで議員の活動を知り立候補の意義を知ることになる。

b．政策サポーター、議会（だより）サポーターの活用：議会活動に住民が積極的にかかわる手法である。その住民に女性を積極的に登用することで、女性の立候補者・当選者の拡大が行われた（長野県飯綱町議会）。

c．立候補者への研修：立候補を考えている住民に対して、選挙の意義、当該自治体の道具計画・財政状況、選挙の制度、マニフェストの作成といったテーマの連続的な研修を行うことも行われた（北海道浦幌町、2018～19年）[75]。女性の参加・立候補はいなかったが

75　2023年統一地方選挙では、北海道栗山町議会が「議員の学校」を開催した。「議会って何をするところ？議員は普段どんな活動をしているの？議員のやりがいって？議員を目指す人のさまざまな疑問を解決し、議員になるための「いろは」を全6回で学」ぶものである。2023年2月20日から3月17日まで、「議会と議員の役割～議会のキホン」「議員に聞いてみよう～議員活動の実際」「傍聴してみよう～①議会運営委員会編、②定例会議　一般質問編、③予算審査特別委員会編」「全日程のまとめ」といった内容である。参加資格は、18歳以上の栗山町議会議員を目指している方、または関心ある方で、「栗山町民以外でも参加」できる。

女性をターゲットに充実させることもできる。

③ネットワークの充実・強化

a．女性議員の活動を中心とした議員ネットワークの広がり。超党派の地方議員仲間と活動してきた「出産議員ネットワーク」「子育て議員連盟」、選挙における旧姓利用と住所非公開を達成に尽力しているWOMANSHIFTなど（両者ともマニフェスト大賞第16回受賞）、女性のハラスメントと温床の除去に活動している団体も広がってきた。ハラスメントの防止には、議会内の相談窓口も必要だが、議員間ネットワークによる情報交換の場が必要である。そこに専門家を交えた相談窓口を設置することも検討すべきだろう。

b．ハラスメント対応の第三者機関の設置。期間限定ということであるが、統一地方選挙に向けて立候補予定者や議員のハラスメント対応を支援する「女性議員のハラスメント相談センター」を研究者や弁護士によって設立された。オンラインで相談を受け付け助言や支援が受けられる（『朝日新聞』2023年2月21日付）。第三者機関の設置に向けた1つの試みである。都道府県ごとの市議会議長会や町村議会議長会などでの設置が望まれる。

c．住民・元議員による政治塾による支援。自主的な研修は行われている（公益財団法人市川房枝記念会女性と政治センターなど）。無投票ゼロの社会を目指す議員活動支援経営協議会（長野県御代田町の住民）や地域政策塾21（長野県飯綱町の元議員・住民）などによる立候補者発掘を自治体（選挙管理委員会、議会）と協力することは必要だ。

＊　　＊　　＊

　多様な人材（住民、議員、首長等）による討議、その上で議員による議決。議員には、地域経営を担う重責があるとはいえ、多様な人材との交流という貴重な機会を得る。住民も同様に交流という特典を得る。公共空間に主体としてかかわるのは、「面白くない」わけはない。議員だけの「ムラ社会」ではない議会、つまりフォーラムとしての議会こそ「わかりやすく面白い」ものはない。フォーラムとしての議会を創造してほしい。

　なお、地方自治の理念からフォーラムとしての議会が不可欠なだけではない。縮小社会は住民、議員、首長等の三者間関係を必要としているからだ。

　地方選挙を住民自治の進化・深化に、そして住民自治を推進する議会の強化の契機にしたい。日常的に議会改革を進めることは必要だが、全国的に注目が集まる統一地方選挙ではこれらを行う重要な機会だ。

　なお、選挙にあたって、地域経営を意識するには、総合計画と自治・議会基本条例を軸にした論戦が必要である。それらは地域経営にとっての軸とルールであり、これらを政策競争の基本としてこれらをめぐる政策競争を行うことが必要である。不安定で不確定な状況にあってとりあえず共通言語を創り出す。いわば、大海にける小島（人工島）を創り出すことによって、現在地を確認し、それに基づき政策競争を行う素材とすることだ。全候補者が、少なくとも総合計画と自治・議会基本条例をめぐっての提言を行うべきである。これはフォーラムとしての議会の創造の一里塚である。

おわりに

　本著の執筆動機は、「議員にとって、一般質問は、最もはなやかで意義ある発言の場」であるという位置づけ（それ自体は重要であるが、それだけに注力すること）への疑問であった。そのことで議案審査が相対的に軽視されるだけではなく、一般質問の重視は議員が分断化され議会が機関として作動できなくなるからである。こうした問題意識から、一般質問の限界、あるいは廃止の議論を紹介した。筆者は、首長の実際の権限が強い現行二元制の下では一般質問の廃止の立場を採用していない。多数派形成ができない課題を政治の場に登場させる意義があるからである。

　自治体議会政策学会会長・竹下譲さんから、かつて筆者が議会改革（江藤（『協働型議会の構想』信山社、2004年））をローカル・ガバナンスという視点から提案したことに対して、次のような指摘をしていただいた（その書評（竹下　2005））。機関としての議会の作動は「重要であるにもかかわらず、ほとんど重視されていない視点である」、また質問の場から「討論（討議）の場」への転換を強調したことに対して「議会の意思として一本化する」意味で重要、といった評価だ。ただし、実態に通じていない読者、そして実態に通じているが「一般質問」の問題を意識していない読者双方には「この本はかなり難解」という意見もいただいた。

　当時の文脈では、機関として作動させる議会改革がほとんど俎上に載っていないことを考えると、「難解」だ

った。質問の場に分断されていた議会を機関として、つまり「人格を持った議会」（故岡本光雄さん）として作動させる理論化を急ぐあまり、一般質問の組み換え等の提案を軽視していた。今日でも、機関として作動する議会における一般質問・会派代表者質問との関係の理論化は希薄であり、早急に進める必要がある。本著は、この宿題に応えることでもある。

　なお、竹下さんは「筆者（江藤氏）は、この討論を議員だけの討議、あるいは議員と首長（および首長部局）だけの討議とは位置づけていない。住民も参加する討議としているのである」と的確に指摘していただいた（竹下　2005）。筆者が強調したかったのは、住民、議員、首長等の三者によるフォーラムとしての議会である。本著の質問・質疑を考える上でもこの視点を前提としている。

　地域経営にとって重要な、したがって標準装備とするべき道具が開発され広がってきた。1つは、地域経営のルールである自治基本条例・議会基本条例（自治・議会基本条例）だ。もう1つは、地域経営の軸である総合計画の実質化である。

　本著のテーマである質問・質疑に引き付ければ、次のような論点が浮上する。新たな住民・議員（議会）・首長等の関係を明確にしているのが、自治・議会基本条例であるが、その新たな展開を示そうとしたのが本著である。自治の新たなルールのもう一歩を示している。本著のテーマはむしろここに集中している。

　それに対して、総合計画と質問・質疑の関係、つまり総合計画を実質化させる質問・質疑についての議論は本著では弱い。もちろん、総合計画と議会との関係、つまり総合計画の策定の際の議会の役割の重要性（議決事件

の追加を踏まえて）についてはすでに論じている（江藤2011）。ここでは、議案審査の重要性、したがって本著の関連で言えば、議会からの総合計画案の提案、質疑のあり方が問われることになる（中尾・江藤編 2008、会津若松市議会編 2019）。

　本著の主題の１つである質問は、地域経営の軸を中心とした争点とすることが必要なことはすでに示唆した〔→第１章１〕。この文脈では、質問を総合計画と連動させることが必要である。策定時だけではなく、実施されている総合計画のさまざまな施策への質問が重要となる。総合計画の実際を政策財務として、決算審議から予算審議へと至る過程の重要性は、本著で議論している〔→第３章、第４章〕。

　質問を総合計画に位置づけることである。埼玉県寄居町議会だよりでは、一般質問の中身の掲載にあたって、最初に目次を掲載し総合計画の章・節を明示し、質問者をそこに配置している。一般質問と総合計画とを連動させる（神奈川県開成町議会も同様である）〔→第１章１〕。

　一般質問と総合計画との連動では、一般質問を総合計画に分類する議会がある。議員は、常に総合計画を意識した質問をするようになる。栃木県那須町議会は、一般質問通告事項を担当課ごとに分類し、担当課による件数の相違とともに、その年次変化（たとえば、2020年から21年には、ふるさと定住課への質問件数は、10％上昇している）を探っている。同時に、総合計画の項目（振興計画基本目標）に即して、一般質問件数を分類している。もちろん、その基本目標が同じでも、質問内容は異なっている。

　質問件数349のうち以下のような構成となっている（2020年度）。「子育て・健康・福祉」のまち23.2％、「協

働・行財政」のまち21.2%、「教育・文化・スポーツ」のまち14.3%、「観光・交流・連携」のまち13.2%、「自然・環境・共生」のまち8.6%、「安全・安心」のまち6.6%、「しごと・活力」のまち6.0%、である。

　質問が、総合計画の中に位置づけられることで、議員は質問にあたって総合計画を引照する習慣を身につけることができる。総合計画を地域経営の軸とする実質化に貢献する。

　茨城県取手市議会は、「議会会議録視覚化システム」を試行導入した（2022年から）。

　AIが議事録を解析し、発言の中から重要語句（トピックワード）と、それらに関連した振る舞い（イベントワード）を抽出し、線で結んでグラフ表示（蜘蛛の巣のような図）することで、会議内容を視覚化している。トピックワードをクリックすることで、実際に発言された内容を議事録から抽出して確認することができる。会議内容や議員などの発言内容から頻出語や重要語をAIが分析し、色・サイズに分けて表示している。

　このシステムは、住民の理解度や議会への関心向上を支援することを目的としている。会議の全体像を、公式の会議録よりも把握しやすくなるよう、会議発言中の文言の関係性を視覚的に把握できる。表示された単語をクリックすることで関連する発言の全文を確認できる。

　たとえば、会議ごとに（本著に引き付ければ本会議での質問に絞って（今後は委員会の質疑も対象））ワードが多い事項、議員の力点の相違（ワードの相違）が、定例会ごとのトレンドだけではなく力点移動の変化も示すことができる。今後、選挙時の公約との関係についても提示できるようにすることも検討しているという。さらに、総合計画の事項との関連を探れば、本著の問題意識

と合致する。

＊　　＊　　＊

　オンラインを活用した質問・質疑の状況が変化している。委員会だけではなく、本会議の運営にオンラインを活用する議論が深まっている。欠席事由の拡大（事故から出産・育児、介護等）とは反対に、議場等に参集しなくとも出席、あるいは参加することのできる対応も進んでいる。

　地方自治法の唯一の解釈権を総務省が有しているわけではないが、本会議での一般質問を可能とする解釈を通知した。総務省自治行政局行政課「新型コロナウイルス感染症対策等に係る地方公共団体における議会の開催方法に関するQ＆Aについて」である（総行行第40号、2023年2月7日）。

　本会議において、議場に出席している議員数が定足数を満たしていることを前提としたうえで、欠席事由により「議場にいない欠席議員がオンラインによる方法で『質問』をすることは差し支えない」というものである。その際、条例や会議規則等の根拠規定を整備することが前提である。

　それに対して、議案審議に係る質疑、討論、表決は「オンラインの方法」では不可というものである。「本会議における議事は『出席議員の過半数』で決することとされており、表決は議員が議場において行わなければならない」ためだという見解である（自治法113、116①）。

　定足数や表決については、「出席」が規定され、それが自治法には規定されているからであり、質問については法律では規定されていないので、定足数を満たし開議されている場合は、それぞれの自治体の意向（条例や会議規則に規定）によるものだという思考である。自治法

では、定足数や表決における出席は厳格に規定されており、その出席はオンラインでは不可（「現に議場にいる」）というものである。それ以外は、各自治体に任されている、と解釈される。

議案審議の重要性が改めてクローズアップされている。本著の文脈では、質疑の重要性である。

欠席議員が一般質問をする際に、欠席であるにもかかわらず（議場に参集している議員が定足数のカウントになる）、議会に「参加」し質問し、そしてその質問の答弁は議事録に記載される。欠席であっても議事録に記載されるといった論理の整合性など、議論の余地はある。ただし、本会議のオンライン化に向けた議論の活発化を促進する[76]。

総務省は、本会議での一般質問の容認の通知の約3年前に「新型コロナウイルス感染症対策に係る地方公共団体における議会の委員会の開催方法について」（総行行第117号、2020年4月30日）、を発出している。地方議会のオンライン化にあたって、新型コロナ蔓延といった状況で委員会でのみ、条例や規則の整備を行えば可能という通知を発出していた。「出席」（委員会での質疑・討論・表決も可能）となる。

地方議会の中には、新型コロナだけではなく、感染症

---

76 オンラインでの本会議は、すでに可能である見解もある。本会議にも、委員会にも、同様な「出席」が使われている（自治法105、113）。オンラインでの委員会参加が可能ならば、本会議でも可能という論理である（たとえば、片山善博さん）。説得的である。また、そもそも独自に解釈できる。

しかし、議場にいることが「出席」と解釈されている現状では、本会議での活用を躊躇するのは当然である（今回の通知では議案審査（表決等）以外は可能と解釈されている）。「不当な」本会議（定足数、表決）という監査請求等の危惧があるためである。訴訟の危惧を乗り切る議会もあってよいが、法改正、あるいは解釈変更（地方制度調査会答申に組み込む等）を当面は目指すべきだろう。

や自然災害、さらには出産、育児、介護、疾病等を理由にオンラインで委員会に「出席」（質疑・討論・表決も可能）できるとして、実践しているものもある。

　総務省の技術的助言を大きく超えている。なお、今回の通知では、これも可能だと解釈している。「地方自治法第109条第9項において、委員会に関し必要な事項は条例で定めることとされており、各団体の条例や会議規則等について必要に応じて改正等の措置を講じた上で、委員会への出席が困難と判断される事情がある場合に、オンラインによる方法により、委員会に出席することは差し支えないと考えられる。」

　委員会をオンラインで開催した市町村は、29市（3.6％）、10町村（1.1％）、協議調整の場をオンラインで開催した市町村は、29市（3.6％）、2町村（0.2％）である（市2021年1月1日〜同年12月31日、町村2020年1月1日〜同年12月31日）。

　今回の本会議の欠席議員の一般質問をオンラインで可能とする総務省の技術的助言は、各地方議会の国会や総務省への意見書提出、第33次地方制度調査会での議論、こうした地方議会の実践の成果でもある。

＊　　　＊　　　＊

　「一般質問」は、筆者の地方議会研究にとって「ノドに刺さった小骨のよう」であった。従来、議会を改革しようという意欲的な議員ほど、質問に磨きをかけることを優先し、チーム議会を軽視していた。意欲的な議員に共感しつつも、チーム議会と質問をつなぐ理論を組み立てなければ、と考えていた。チーム議会は議会基本条例の制定でその方向が見え、その実質化は、本著でも強調する議会からの政策サイクルだ。

　これには、議案審査の重要性（質疑だけではなく議員

間討議、参考人招致、討論の複数回）と親和性がある。問題は質問をどう組み込むかである。一般質問の廃止の提案も時々見かけるようになった。本著は、質問だけの重視には問題はあるが、地域経営にとって必要だと考えている。その質問を政策サイクルに組み込むことを模索している。その提案の1つが本著である。

議会からの政策サイクルをベースに、質問を取り上げている。前者の実践は簡単ではない。また、質問とともに、質疑（さらに討論）も取り上げている。議会からの政策サイクルの理解が前提となる。チーム議会が作動していない場合、難しいかもしれない。とはいえ、今後の住民自治はその方向で進んでいる。

今日、議会改革は二極化、三極化……している。このような表現には、すでに指し示す像があることを前提とする。未知のことも多いと思われるが、議会基本条例で明確になった方向を豊富化すればよい。この豊富化には、実践が伴わなければならない。

政治の劣化（投票率の低下、無投票当選者率の増加等）だけではなく、地域民主主義は着実に進んでいる。すでに指摘した政治の劣化の打開策の動向だけのことではない。2000年の地方分権改革や地方財政危機の浸透によって、地方政治の役割は飛躍的に高まった。自治（まちづくり）基本条例の制定（2000年）の広がりはこれを受けている。2003年には北川正恭さんは政策型選挙を活性化させるためにマニフェスト選挙を提唱した。2006年には住民自治を進める議会像を明確にした議会基本条例が栗山町において制定され、現在900以上の自治体にまで広がっている。まさに、政治の季節の到来である。

その政治の季節におけるさまざまな実践の情報共有の場としてマニフェスト大賞が設置されている。マニフェ

スト大賞は2023年18回目をむかえる。この受賞者・団体の動向によって住民自治を推進するヒントをもらえる。全国町村議会議長会の特別表彰制度も同様だ。

TTPは、ローカル・マニフェスト推進連盟の自治体改革・議会改革の合言葉になっている。それは、T（てってい）T（てきに）P（ぱくる＝真似をする）（徹底的にパクル）である。住民自治を推進している住民、議会・議員、首長・職員たちの動向を確認し、それを学習し自分たちも実践しようという運動である。まさに住民自治を進める運動が善政競争（競争によって歴史を切り拓く）である。もちろん、それは単なるまねではなく地方自治の原則に基づく必要がある。そうでなければ、一過性に終わる。

マニフェスト大賞をはじめ、議会・議員のネットワークは充実してきた。それによって「善政競争」は活発化し、波及効果が出ている。政策型選挙や住民自治を活性化させる運動が地方自治を舞台に重層的に展開される時代となった。改革の種は散りばめられている。

＊　　＊　　＊

本著は、気になっていた質問・質疑を議会改革の到達点を踏まえてその意義と展開を解明することを目的としている。多くの人に読んでいただきたいことを願って、一般書の最初に出版したイマジン出版にお願いした（江藤　2006）。片岡幸三社長、青木菜知子さんをはじめ、スタッフの方々には大変お世話になった。一般書にしては、議会改革の到達点を踏まえた上での議論の展開なので難しいところもあるかもしれない。

地方自治にとっては、厳しい状況はあるが、新たな住民自治を育てている方々に感謝したい。本著が住民自治を進化させることに少しでも貢献できているとすれば、

それらの方々のおかげである。

　私事であるが、原稿執筆などで疲れているときに、孫との「遊び」で英気を養っている。飯山祭と尊にも感謝したい。

2023年9月13日

江藤俊昭

＊　　＊　　＊

　〔追記〕第18回マニフェスト大賞（エリア選抜・優秀章）が発表された。個々の議員の提言が、「グッドアイディア賞」に選抜されることはあった。今回、一般質問を議会の監視や政策提言に活かす「議会の質問・質疑」からの活動への選抜も少なくない。そろそろこの視点での議会・議員活動が広がりつつあることを、感じる。ただし、流布とはいえずその息吹であるが…。

　本著で参照した別海町議会、開成町議会、鷹栖町（以上「議会改革賞」優秀賞）、福生市議会（「議会改革賞」エリア選抜）、寄居町議会（「コミュニケーション戦略賞」優秀賞）のほか、飯館村議会議員横山秀人（「コミュニケーション戦略賞」優秀賞）[77]、が受賞している。

77　これは「誰でもホームページで閲覧・検索できる『福島県内市町村議会一般質問一覧』プロジェクト」である。福島県内の「議会だより」をもとに、HP上で検索可能な一般質問一覧を、50市町村1,757件の一般質問を一覧にし（2023年8月8日現在）、記載のある議会だよりをすぐに読むことができる。住民にも関心を持ってもらうように試みられた。これが刺激となって、一般質問が活発になることを目指している。
　「子育て」「移住」「医療」などのキーワード検索が可能。議員には一般質問作成の参考となり、住民には関心のあるテーマが福島県内のどの市町村でどのように質問・提案されているのかがわかり議会への関心が増える。また、質問項目のテキストマイニングを実施し、質問項目が多いキーワードを見える化している。議論されているテーマが視覚的にわかる。

索　引（自治体）

●自治を担う「フォーラム」としての議会

212

引用・参考文献

会津若松市議会編（2010）『議会からの政策形成—議会基本条例で実現する市民参加型政策サイクル』ぎょうせい

会津若松市議会編（2019）『議会改革への挑戦　会津若松市議会の軌跡—市民の意見を起点とし「課題解決」を図る議会へ』ぎょうせい

江藤俊昭（2000）「地域事業の決定・実施をめぐる協働のための条件整備—〈住民—住民〉関係の構築を目指して」人見剛・辻山幸宣編『協働型の制度作りと政策形成』ぎょうせい

江藤俊昭（2002）「市民自治と地方議会—協働型議会への改革」『都市問題』2002年7月号

江藤俊昭（2004）『協働型議会の構想—ローカル・ガバナンス構築のための一手法』信山社

江藤俊昭（2006、増補版（2007））『自治を担う議会改革—住民と歩む協働型議会の実現』イマジン出版

江藤俊昭（2011）『地方議会改革—自治を進化させる新たな動き』学陽書房

江藤俊昭（2012a）『自治体議会学』ぎょうせい、第2章

江藤俊昭（2012b）「どの地域経営手法を選択するか—二元代表制を考える」『地方自治』第778号（2012年9月号）

江藤俊昭（2016）『議会改革の第2ステージ—信頼される議会づくりへ—』ぎょうせい

江藤俊昭（2018）「第23回　統一地方選挙を住民自治の進化に（上）（下）—マニフェスト選挙：再考」『議員NAVI』2018年11月下旬・12月上旬号

江藤俊昭（2021）「女性の政治進出の少なさは民主主義を空洞化させる」『Voters』No.64（2021年10月号）

江藤俊昭（2023a）「2023年統一地方選挙を住民自治の強化に—多様性に基づく討議空間を創り出す—」『議員NAVI』2023年1月上旬号

江藤俊昭（2023b）「第33次地方制度調査会答申を読む─『多様な人材が参画し住民に開かれた地方議会の実現』を目指して─」『地方議会人』2023年2月号

江藤俊昭（2023c）「地方選挙を住民自治の深化・進化に活用する①〜⑫」『月刊　ガバナンス』2023年3月号〜12月号

江藤俊昭・新川達郎編（2021）『政策財務の基礎知識』第一法規

NHKスペシャル取材班（2020）『地方議員は必要か─3万2千人の大アンケート─』

大山七穂（2018）「女性議員は自治体議会を変えるか」『都市問題』2019年1月号

片山善博（2019）「『議会だより』の空虚にみる、地方議会改革のピント外れ」『世界』2019年7月号

川本達志（2017）『地方議員のための役所を動かす質問のしかた』学陽書房

財団法人東京市政調査会編集・発行（2006）『「都市問題」公開講座ブックレット7　自治体政治を変える！ローカル・マニフェスト』

佐藤英善編・㈶地方自治総合研究所監修（2005）『逐条研究　地方自治法Ⅱ』敬文堂

白井誠（2017）『政党政治の法構造─明治・大正期憲法改革の地下水流』信山社

白井誠（2019）『政党政治を考える─「議会の制度化」と質疑応答』信山社

全国市議会議長会（2007）『地方議会議員ハンドブック』ぎょうせい

全国町村議会議長会（2019）『議員必携（第11次改訂新版）』学陽書房

全国町村議会議長会（2022）『議員報酬・政務活動費の充実に向けた論点と手続き〜住民福祉の向上を実現する町村議会のための条件整備〜』

全国町村議会議長会（2023）『議員必携（第12次改訂新版）』

●自治を担う「フォーラム」としての議会

学陽書房

宝塚市議会編集・発行（2015）『「歌劇のまち」の議会改革』2015年

竹下譲（2005）「《書評》江藤俊昭『協働型議会の構想』」日本地方自治学会編『道州制と地方自治』（地方自治叢書18）敬文堂

竹下譲（2010）『地方議会―その現実と「改革」の方向』イマジン出版

竹下譲（2011）「政策立案（議員立法）機関としての議会」財団法人大阪府市町村振興協会編集発行『マッセOSAKA研究紀要』第14号（地方議会のこれから～改革へのみちすじ～）（2011年3月）

土山希美枝（2019）『質問力で高める議員力・議会力』中央文化社

土山希実枝（2021）「第13回　一般質問を議会の政策資源に　③別海町議会『一般質問検討会議』〔前編〕」『議員NAVI』2021年8月25日号

内閣府（2018）『政治分野における男女共同参画の推進に向けた地方議会議員に関する調査研究報告書』（地方議員を対象）

内閣府（2021）『女性の政治参画への障壁等に関する調査研究』（地方議員だけではなく首長も対象、また現在議員となっている者だけではなく、首長・議員の立候補を検討・準備したものの諦めた者を対象としている）

中尾修・江藤俊昭編（2008）『議会基本条例：栗山町議会の挑戦：住民と歩む議会・討議する議会・執行機関と切磋琢磨する議会』中央文化社

日本生産性本部（2023）『地方議会　成熟度評価モデルガイドブック』

野村稔・鵜沼信二（2013a）『地方議会実務講座　改訂版』（第1巻）ぎょうせい

野村稔・鵜沼信二（2013b）『地方議会実務講座　改訂版』

（第２巻）ぎょうせい

濱田真里（2023）「政治とハラスメント―女性議員はなぜ
　　増えないか」『世界』2023年12月号

林誠（2017）『イチからわかる！"議会答弁書"作成のコツ』
　　ぎょうせい、2017年

ビアンキ・アンソニー（2021）『一人から始める議会改革
　　―市民フリースピーチが議会を変えた！』学陽書房

平田オリザ（2021）「迫り来るファシズムの時代に」藤原
　　辰史・内田樹ほか『「自由」の危機』集英社新書

ブレディ・みかこ（2021）『他者の靴を履く』文藝春秋

藤川潤（2017）『これだけは知っておきたい公務員の議会
　　対応』学陽書房

前田健太郎（2019）『女性のいない民主主義』岩波新書

松浦茂（2015）「米英独仏の決算制度」『調査と情報―
　　ISSUE BRIEF』第863号（2015年３月号）

松下啓一（2022）「市民、行政、議会・議員が一堂に会し、
　　まちの未来を考える・焼津市まちづくり市民集会の意
　　義と展望」『Beacon Authority』Vol.91

松下啓一編（2020）『選挙はまちづくり』イマジン出版

三浦まり（2023）『さらば、男性政治』岩波新書

森山茂樹（2023）「米国連邦予算制度について―大統領と
　　議会の権限とその対立関係」『ファイナンス』（財務省）
　　2023年４月号

＊新聞については、本文に出所を記している。

●著者略歴

江藤　俊昭（えとう　としあき）　博士（政治学）

大正大学公共政策学科教授

（山梨学院大学法学部政治行政学科・大学院社会科学研究科教授などを経て）

1956（昭和31）年　東京都生まれ

1986（昭和61）年　中央大学大学院法学研究科博士後期課程満期退学

専攻：地域政治論、地方自治論、公共政策論

鳥取県智頭町行財政改革審議会会長、山梨県経済財政会議委員、第29次・第30次地方制度調査会委員（内閣府）、「町村議会のあり方に関する研究会」委員（総務省）、全国町村議会議長会「議員報酬等のあり方に関する研究会」委員長、全国市議会議長会90年史編纂委員会有識者会議座長、等を歴任。現在、マニフェスト大賞審査委員、全国町村議会議長会特別表彰審査委員、全国町村議会議長会「町村議会のなり手不足対策検討会」会長、議会サポーター・アドバイザー（北海道栗山町、芽室町、滝沢市、山陽小野田市、岡山県美咲町、福岡県東峰村）、地方自治研究機構評議委員、など。

主な単書に『議員のなり手不足問題の深刻化を乗り越えて』（公人の友社）『議会改革の第2ステージ─信頼される議会づくりへ』（ぎょうせい）『自治体議会学』（ぎょうせい）等多数、主な共著に『政策財務の基礎知識』（江藤俊昭・新川達郎編、第一法規）『非常事態・緊急事態に議会・議員はどう対応するか』（新川達郎・江藤俊昭、公人の友社）『自治体議会の政策サイクル』（編著、公人の友社）『Q＆A　地方議会改革の最前線』（編著、学陽書房）等。現在『月刊ガバナンス』（ぎょうせい）に「自治体議会学のススメ」を連載中。

コパ・ブックス発刊にあたって

いま、どれだけの日本人が良識をもっているのであろうか。日本の国の運営に責任のある政治家の世界をみると、新聞などでは、しばしば良識のかけらもないような政治家の行動が報道されている。こうした政治家が選挙で確実に落選するというのであれば、まだしも救いはある。しかし、むしろ、このような政治家こそ選挙に強いというのが現実のようである。要するに、有権者である国民も良識をもっているとは言い難い。

行政の世界をみても、真面目に仕事に従事している行政マンが多いとしても、そのほとんどはマニュアル通りに仕事をしているだけなのではないかと感じられる。何のために仕事をしているのか、誰のためなのか、その仕事が税金をつかってする必要があるのか、もっと別の方法で合理的にできないのか、等々を考え、仕事の仕方を改良しながら仕事をしている行政マンはほとんどいないのではなかろうか。これでは、とても良識をもっているとはいえまい。

行政の顧客である国民も、何か困った事態が発生すると、行政にその責任を押しつけ解決を迫る傾向が強い。たとえば、洪水多発地域だと分かっている場所に家を建てても、現実に水がつけば、行政の怠慢ということで救済を訴えるのが普通である。これで、良識があるといえるのであろうか。

この結果、行政は国民の生活全般に干渉しなければならなくなり、そのために法外な借財を抱えるようになっているが、国民は、国や地方自治体がどれだけ借財を重ねても全くといってよいほど無頓着である。政治家や行政マンもこうした国民に注意を喚起するという行動はほとんどしていない。これでは、日本の将来はないというべきである。

日本が健全な国に立ち返るためには、政治家や行政マンが、さらには、国民が良識ある行動をしなければならない。良識ある行動、すなわち、優れた見識のもとに健全な判断をしていくことが必要である。良識を身につけるためには、状況に応じて理性ある討論をし、お互いに理性で納得していくことが基本となろう。

自治体議会政策学会はこのような認識のもとに、理性ある討論の素材を提供しようと考え、今回、コパ・ブックスのシリーズを刊行することにした。COPAとは自治体議会政策学会の英略称である。

良識を涵養するにあたって、このコパ・ブックスを役立ててもらえれば幸いである。

自治体議会政策学会　会長　**竹下　　譲**

COPA BOOKS
自治体議会政策学会叢書

自治を担う「フォーラム」としての議会
―政策実現のための質問・質疑―

発行日	2023年12月21日
著 者	江藤　俊昭
監 修	自治体議会政策学会Ⓒ
発行人	片岡　幸三
印刷所	今井印刷株式会社
発行所	**イマジン出版株式会社**

〒112−0013　東京都文京区音羽1−5−8
電話　03-3942-2520　FAX　03-5227-1826
http://www.imagine-j.co.jp

ISBN 978-4-87299-952-5 C2031 ¥1800E
乱丁・落丁の場合には小社にてお取替えいたします。